# LAS
# REGLAS DEL
# MAR ROJO

# LAS
# REGLAS DEL
# MAR ROJO

**10 ESTRATEGIAS DADAS POR DIOS** *para* **LOS TIEMPOS DIFÍCILES**

# ROBERT J. MORGAN

**GRUPO NELSON**
Una división de Thomas Nelson Publishers
*Desde 1798*

NASHVILLE    MÉXICO DF.    RÍO DE JANEIRO

© 2014 por Grupo Nelson®
Publicado en Nashville, Tennessee, Estados Unidos de América. Grupo Nelson, Inc. es una
subsidiaria que pertenece completamente a Thomas Nelson, Inc. Grupo Nelson es una
marca registrada de Thomas Nelson, Inc. www.gruponelson.com

Título en inglés: *The Red Sea Rules*
© 2001, 2014 por Robert J. Morgan

Publicado por W Publishing, un sello de Thomas Nelson

Editora en Jefe: *Graciela Lelli*
Traducción: *Emma Bredeman*
Adaptación del diseño al español: *Grupo Nivel Uno, Inc.*

ISBN: 978-0-71802-140-5

Impreso en Estados Unidos de América

14 15 16 17 18 RRD 9 8 7 6 5 4 3 2 1

*Para Katrina*

# Contenido

# Prefacio

---

*El Señor te abrirá un camino donde nadie ha pisado jamás. Aquello que como un mar amenaza ahogarte, será tu autopista de escape.*

—CHARLES H. SPURGEON[1]

El sol del Medio Oriente se había puesto ya al caer el frío alrededor de Jerusalén. Las calles de la vieja ciudad iban quedando vacías a medida que los lentos caminantes regresaban a casa sin preocupación. Las lámparas de aceite del pueblo entero desplegaban sus últimas luces parpadeantes y los olores peculiares; las brasas yacían en las chimeneas.

Pero en un cuartito pequeño, cerca del templo, se encontraba despierto un hombre llamado Asaf, envuelto en una frazada, sentado al borde de una pequeña cama. Su mundo estaba en ruinas y, a pesar de que estaba exhausto, no podía conciliar el sueño.

Sin más que hacer, prendió su lámpara y comenzó a leer su Biblia. Recordó el milagro del Mar Rojo, la historia en Éxodo 14, cuando las aguas se abrieron para que los hijos de Israel escaparan del ejército de Faraón que los perseguía.

Asaf escribió sus pensamientos en el salmo 77; después de describir su angustia, volcó sus pensamientos al poder de Dios en los días antiguos:

Te abriste camino en el mar;
te hiciste paso entre las muchas aguas,
y no se hallaron tus huellas.
Por medio de Moisés y de Aarón
guiaste como un rebaño a tu pueblo. (Salmos 77.19–20, NVI)

En esa historia, en ese Dios, Asaf encontró las fuerzas para vencer sus problemas.

Imagínate lo siguiente: los vientos soplaron, el mar se dividió, las aguas se congelaron formando paredes altísimas, y los israelitas pasaron por el medio en seco. Pero eso no sucedió para que fuese una experiencia entretenida, sino para probarnos de manera impactante, y a modo de hacer historia, que aun cuando estemos muy ansiosos y angustiados, Dios abrirá un camino donde parezca que no lo hay.

Yo también soy un Asaf, pues no hace mucho, me encontraba volando de Atenas a Nueva York, y estaba tratando con un problema que me había convertido en un manojo de nervios; un ser querido se encontraba en problemas. Mirando hacia el agitado océano Atlántico, pedí la ayuda de Dios; abrí mi Biblia y la lectura para el día no era ni más ni menos que Éxodo 14.

El asiento contiguo estaba vacío, pero a medida que comencé a leer, sentí como si el Señor mismo estuviera sentado a mi lado, instruyéndome a través del pasaje. Mis dedos buscaron un lapicero y comencé a escribir rápidamente.

A medida que estudiaba el pasaje, poco a poco, se desarrollaron diez reglas, como si fueran balsas de goma. Diez maneras de tratar con dilemas y desánimos, un protocolo divino para tratar con la vida cuando nos encontramos atrapados entre el diablo y la profundidad del Mar Rojo.

Pasé el resto del vuelo meditando en mis apuntes y, al llegar a casa, apliqué activamente esos principios a mis problemas. Descubrí entonces, y aún sigo descubriendo, que son una estrategia eficaz para poder superar el caos y el estrés de la vida.

Estos no son diez pasos rápidos y fáciles para obtener soluciones instantáneas. En mi caso, me tomó tiempo pasar por la angustia hasta llegar a ver resultados positivos. Sin embargo, tal como Asaf, descubrí que Éxodo 14 provee un método bíblico para procesar las dificultades a través de la fe; a la luz de la poderosa presencia, providencia, promesas y poder de Dios.

El Mar Rojo puede estar delante de nosotros, el desierto puede atraparnos, el enemigo puede estar tras nuestros talones; el pasado puede parecer inverosímil y el futuro imposible, pero Dios obra en maneras que no podemos ver. Él hará un camino de escape para sus hijos que, aunque cansados, esperan en él.

*[Yo, el Señor] abriré camino* en el desierto, y ríos en la soledad. (Isaías 43.19, énfasis añadido)

Dedíquense a la oración con una mente alerta y un corazón agradecido. Oren también por nosotros, para que Dios nos dé muchas oportunidades para hablar. (Colosenses 4.2–3, NTV)

El Señor les *abrirá un camino* [...] y podrán cruzarlo sin quitarse las sandalias. (Isaías 11.15, DHH, énfasis añadido)

Pero fiel es Dios, que no os dejará ser probados más de lo que podéis resistir, sino que dará también juntamente con la prueba la salida, para que podáis soportarla. (1 Corintios 10.13, RVR95)

No hay océano más profundo que el de su amor; no hay ejército más fuerte que sus huestes; no hay fuerza más poderosa que su trono de gracia; no hay enemigo que pueda vencer su obra directa ni indirecta en nuestras vidas.

En resumen, esta es la realidad del Mar Rojo: Dios siempre abrirá un camino para sus hijos cansados, aunque confiados en él, aun cuando tenga que partir el mar para lograrlo.

# PRIMERA REGLA DEL MAR ROJO

---

## Percátate de que la intención de Dios es que estés donde estás.

*El Señor habló con Moisés y le dijo: Ordénales a los israelitas que regresen y acampen frente a Pi Ajirot, entre Migdol y el mar. Que acampen junto al mar, frente a Baal Zefón.*

—ÉXODO 14.1–2, NVI

# Callejones sin salida

*El mar estaba delante de ellos, las huestes de Faraón en la reta-
guardia, y las montañas los rodeaban por todos lados. Tengamos
en cuenta que, todo eso fue permitido y ordenado por Dios.*

—C. H. Mackintosh[1]

Reba Robinson pasaba noche tras noche despierta, tensa y cansada
en su pequeña habitación en Starkville, Mississippi.[2] Su imaginación
era desenfrenada, mientras que sus dedos apretaban fuertemente una
camiseta vieja de su hijo que aún tenía el olor de su perfume. Él estaba
enfrentándose con la muerte en algún lugar extraño, aunque ella no
sabía dónde, por qué razón, cómo ni a manos de quien.

Dillon era un marine asignado a una unidad de comando encu-
bierto. Sus misiones eran tan secretas que ni su madre podía saber
cuándo estaba en una ni en qué lugar se encontraba.

Pero sus instintos maternos siempre le hacían saber cuándo
estaba en peligro, y en esos momentos ella oraba fervientemente
por Dillon, noche y día; sin duda había estado orando la noche
cuando él tuvo que nadar diez millas —desde un submarino—
hasta la costa de un país hostil; había estado orando el día en que
saltó de un helicóptero en paracaídas en medio de una lluvia de
balas, con sus ojos cegados por las lágrimas, para sacar el cuerpo de
su compatriota muerto; había estado orando la noche en que un
terrorista le puso una pistola en la cara y jaló el gatillo, y quizás

fueron sus oraciones lo que hicieran que la pistola se encasquillara de manera que Dillon tuviera el instante necesario para «resolver el problema» y escapar.

A pesar de los temores nocturnos, los terrores y tormentos, ella continuó orando hasta vencer.

Cuando al final Dillon regresó a casa, era un héroe cuya valentía no podría ser explicada, tendría que mantenerse en secreto y no podría ser honrada; no podía contarle a nadie sus hazañas ni buscar quien le ayudara a procesar sus traumas. Así que trató de pasar de ser un héroe a ser un individuo común y corriente, pero la vida se le hizo muy lenta —como si fuese a paso de tortuga— en su pueblito. Por eso comenzó a frecuentar los bares para tratar de no recordar aquello que no podía olvidar.

Reba seguía orando.

Como la mamá de Dillon, a veces pasamos por períodos largos de dolor y presión, atrapados por las circunstancias; heridos, con miedo; enfrentando probabilidades que parecen imposibles, atravesando valles largos y oscuros.

Algunas circunstancias van más allá de nuestro control, de modo que algo tan simple como el timbrado de un teléfono, una tarjeta en el correo o un toque en la puerta, pueden hacernos perder nuestra estabilidad y caer en un mundo de preocupación. Alguien dijo que la preocupación era como un goteo de temor que deambula por la mente, creando un canal por el cual fluyen los demás pensamientos.

El predicador John R. Rice dijo: «Preocuparse es poner signos de interrogación donde Dios ha puesto puntos».

El obispo Fulton J. Sheen dijo: «La preocupación es una forma de ateísmo, porque revela una falta de fe y confianza en Dios».

Pero para algunos de nosotros, la preocupación es tan natural como el respirar.

Después de todo, en la Biblia se nos compara con ovejas. Yo tengo un pequeño rebaño (bueno, tres ovejas) que viven contentas en nuestro amplio patio. Están bien acorraladas y alimentadas, no tienen nada que temer. Pero algunas veces tienen miedo de todos modos, y pueden salir disparadas de temor ante un pequeño conejo que pasa saltando por el pasto.

Esa no es una cualidad que el Señor admire en sus ovejas. Él quiere que digamos: «Aunque ande en valle de sombra y de muerte, no temeré mal alguno...».

No hace mucho, sonó el teléfono a altas horas de la madrugada, era mi hermana Ann, que llamaba para decirme que mamá se había enfermado y que la estaban llevando de prisa al hospital, pero que no había mucha esperanza. Ann me sugirió que regresara a casa de inmediato. Ese fue un sacudón terrible, un temor espantoso se apoderó de mí. Pero en ese mismo instante un versículo de las Escrituras llegó a mi mente, Salmos 116.15: *Estimada es a los ojos de Jehová la muerte de sus santos*. A partir de ese momento cayó el pánico que me había invadido y tuve paz.

Sin embargo, en otras ocasiones el temor no suelta su tenaz agarre tan fácilmente. Después de todo, ¿cómo *no* preocuparte, cuando tienes un hijo que es un soldado que ha sido puesto secretamente en una situación mortal en algún lugar del mundo?

¿Cómo *no* preocuparte cuando tus gastos sobrepasan tus ingresos y los acreedores te están llamando? O, ¿cuándo tu portafolio financiero está desplomándose?

¿Cómo *no* preocuparse cuando a un ser querido le han diagnosticado cáncer?

¿Cómo *no* preocuparse cuando cancelan tu trabajo, cuando tu hijo está afligido o tu vida está en peligro?

En otras palabras, ¿cómo *no* preocuparte cuando el Mar Rojo está frente a ti, el desierto te rodea y los soldados egipcios vienen a toda carrera hacia ti con sus espadas desenvainadas?

Pregúntale a Reba Robinson. Cuando aceptó, en medio de su ansiedad, que Dios la había puesto en esa situación; aunque era difícil, comenzó a convertir sus preocupaciones en oraciones y sus temores en fe. Ella oraba fervientemente por su hijo, con la confianza de que Dios iba a intervenir, redimir, ayudar y sanar.

En un punto crítico en la vida de Dillon, un amigo lo invitó a un culto de avivamiento en una iglesia cercana; fue de mala gana, con la intención de salir disparado en cuanto el servicio terminara. Pero el mensaje le llegó directo al corazón esa noche y, cuando hicieron el llamado al altar, Dillon se agarró fuertemente de la parte trasera de la banca como si estuviera tratando de asfixiarla. Ningún terrorista lo había perseguido antes como lo estaba haciendo el Sabueso celestial. Luego admitió: «Yo me he enfrentado a la muerte sin temblar, pero esa noche temblaba como una hoja».

Tambaleó hasta el altar con los ojos llenos de lágrimas y esa noche, un héroe musculoso y sin gloria, cayó de rodillas y recibió a Jesucristo como su Señor y Salvador.

En la historia del Mar Rojo, los israelitas seguían la nube de fuego con mucho cuidado, entusiasmados con su nueva libertad, llenos de emoción por el futuro; sin embargo, Dios los guió a propósito a un callejón sin salida, entre las montañas hostiles, al borde de un mar sumamente profundo como para vadearlo y demasiado ancho para cruzarlo.

Lo que sin lugar a duda implica Éxodo 14.1–2 es que el Señor asumió la responsabilidad de guiarlos al peligro. Él les dio instrucciones específicas, paso a paso, que los llevarían, aparentemente, a la ruina: *Den la vuelta y acampen. Acampen ahí. Ahí, delante del mar que los puede entrampar. Sí, ahí en ese lugar imposible.*

A veces, el Señor hace lo mismo con nosotros, para probar nuestra fe, nos guía al dolor, para enseñarnos sabiduría, para mostrarnos sus caminos; puede ser que nuestra primera reacción sea un arrebato de pánico o una sensación de susto, pero debemos aprender a consultar las Escrituras para recibir consejo.

Así que, respira profundo y recuerda el secreto más profundo de la vida cristiana: *cuando te encuentres en un lugar difícil, percátate de que el Señor te puso ahí o permitió que estés ahí por razones que quizás solo él sabe por ahora.*

El mismo Dios que te guió *dentro* de esa situación, te guiará para que *salgas* de ella.

# Si te encuentras...

*«Él conoce su camino», aun cuando por el momento nosotros no lo sepamos.*

—J. I. Packer[3]

Cuando nos encontramos en una situación difícil, toda nuestra perspectiva cambia al darnos cuenta que el Señor nos ha puesto ahí o ha permitido que estemos así, por razones que quizás solo él sepa en el momento.

Russell y Darlene Deibler llegaron a Nueva Guinea, para trabajar por Cristo en la selva, el 18 de agosto de 1938, la fecha de su primer aniversario de matrimonio. La invasión de los japoneses a las Islas Orientales los separó, a Russell lo internaron en un campo de concentración, donde murió.

Darlene estuvo encarcelada en un campo militar por años, haciendo trabajo forzoso, donde pasó indignación, hambruna y aflicciones como el beriberi, la disentería y los parásitos intestinales.

Un día la apartaron para ejecutarla. Las tropas de asalto la llevaron a un campo de muerte y la guiaron a una celda austera. Las palabras *Orang ini musti mati* estaban escritas con tiza en la puerta y significaban: «Esta persona debe morir». Los guardias la echaron en la celda y, cuando la puerta se cerró con un golpe, Darlene cayó de rodillas para mirar por el ojo de la cerradura; al ver que la llave dio la vuelta completa, supo que debía darse por muerta.

A medida que los pasos de los guardias se alejaban, Darlene cayó de espaldas sudando frío, temblando, luchando contra un terror absoluto; en esos momentos comenzó a entonar un cántico que había aprendido cuando era niña en la escuela dominical, en Iowa:

> No temas, rebaño pequeño,
> Cualquiera que sea tu suerte;
> Él entra en toda habitación,
> «Aunque las puertas estén cerradas»,
> Él nunca abandona,
> Él nunca se va,
> Así que cuenta con su presencia
> En la oscuridad y en el amanecer.
> («Only Believe» [Solo creed] por Paul Rader)

Darlene sintió unos brazos fuertes alrededor de ella y supo que aunque sus captores la encerraran, no podían separarla de su maravilloso Señor. Su situación era imposible, pero estaba ahí con un Dios que hace proezas imposibles; estaba ahí por la voluntad de él y sabía que su voluntad no la pondría en un lugar donde su presencia no la pudiera sustentar.

Esa seguridad la sostuvo a través de tiempos imposibles y preservó su vida a pesar de que todo parecía estar en su contra.[4]

Piensa en esos hombres y mujeres que, no por su propia culpa, fueron acosados con desgarradoras dificultades mientras trataban de seguir a Dios:

> Agar, una madre soltera, que fue forzada a ir al desierto con su hijo para morir de sed.

> José, que deseaba cumplir sus sueños divinos, fue atrapado, le quitaron la ropa, lo vendieron como esclavo y lo metieron en la cárcel en Egipto.

Moisés se encontró atrapado entre el esplendor de la realeza egipcia y la ingrata aflicción con el pueblo de Dios.

David, después de haber sido ungido por Samuel, fue perseguido por las tropas israelitas.

Ezequías, que buscaba avivamiento, fue atrapado por el ejército más poderoso de la tierra, que estaba empeñado en aniquilar a su pueblo.

Los discípulos de Jesús, obedeciendo su orden, navegaron en el mar de Galilea, y se encontraron con una noche llena de terror con tormentas y olas.

El mismo Hijo del hombre, cumpliendo la voluntad del Padre, fue clavado en un madero colgando de sus manos, hasta morir.

Los apóstoles, recibieron latigazos cuando predicaban del Crucificado.

El líder de esa banda apostólica le dijo posteriormente a sus lectores: «Amados, no os sorprendáis del fuego de la prueba que os ha sobrevenido, como si alguna cosa extraña os aconteciese» (1 Pedro 4.12).

En otras palabras, los cristianos no debemos sorprendernos cuando nos encontremos atrapados en situaciones dolorosas, aterradoras o imposibles, cuando estemos buscando hacer la voluntad de Dios. La vida es difícil, especialmente para los cristianos. Tenemos un enemigo que ha decidido devorarnos; Jesús nos advirtió: «En el mundo, tendréis aflicción» (Juan 16.33).

Luego añade: «Pero confiad, yo he vencido al mundo».

Dios permite que nuestra fe sea probada y que los problemas se nos amontonen; a veces parece que es más de lo que podemos

aguantar, pero Cristo puede cargar con ellos. El primer paso hacia las
«aguas divididas» es recordarnos a nosotros mismos, con frecuencia,
que el Señor nos ha puesto en ese lugar difícil o ha permitido que
estemos ahí, por una razón que quizás solo él sabe.

Con frecuencia me he preguntado por qué le dio esclerosis múl-
tiple a mi esposa precisamente cuando nuestros hijos comenzaban a
dejar el nido. Teníamos la esperanza de pasar la última parte de nuestro matrimonio disfrutando de actividades con las cuales habíamos
soñado por mucho tiempo como: viajar o jugar al golf, actividades
que ahora se hacían difíciles o imposibles. Las dificultades de mi
esposa son mías, por lo que de vez en cuando tengo la tentación de
preguntar *¿por qué?*

Pero Dios tiene un propósito, y como lo dijo el compositor de
himnos William Cowper (se pronuncia Cúper), «Dios es su propio
intérprete y hará que las cosas sean claras» (del himno «God Moves
in a Mysterious Way»).

Años atrás, encontré este poema sin autor, en un pequeño volu-
men por V. Raymond Edman titulado *The Disciplines of Life* [Las
disciplinas de la vida]:

> Cuando Dios quiere ejercitar a un hombre,
> Y emocionar a un hombre,
> Y habilitar a un hombre
> Para que juegue el rol más noble;
> Cuando él anhela con todo su corazón
> Crear a un hombre tan grande y valiente
> Para que todo el mundo se quede asombrado,
> ¡Observe sus métodos, observe la manera en que lo hace!
> Cómo perfecciona sin compasión
> A aquel a quien escoge con nobleza.
> Cómo lo martillea y lo hiere;
> Y con poderosos soplos lo convierte
> En muestras de barro
> Que solo Dios entiende;

Mientras que su torturado corazón clama
¡Y levanta manos suplicantes!
Como dobla pero nunca quiebra
Cuando su bien emprende;
Como usa a quien elige,
Y con cada propósito lo alea;
Con cada acto lo provoca
A probar de su esplendor.
Dios sabe lo que hace.[5]

No hay errores en el plan de Dios, Jesús todo lo hace bien. A. W. Tozer dijo: «Para el hijo de Dios no hay accidentes; él viaja por un camino predeterminado [...] Ciertamente parece que le suceden accidentes; y que el infortunio lo acosa, pero esos males aparentan ser tales, y van a parecerlo solo porque no podemos leer el guion secreto de la providencia escondida de Dios».[6]

Esta idea se resume en un incidente en la vida del pastor sudafricano Andrew Murray, que una vez se enfrentó a una crisis terrible. Tomando compostura en su estudio, se sentó por un tiempo en quietud, en oración y meditación; de inmediato su mente voló hacia su Señor Jesús. Tomó su lapicero y escribió lo siguiente en su diario:

Primero, él me trajo aquí, es por su voluntad que estoy en este aprieto; descansaré en este hecho.

Lo siguiente, él me mantendrá aquí en su amor y me dará la gracia para portarme como su hijo.

Luego, él hará que esta prueba sea una bendición, enseñándome las lecciones que quiere que yo aprenda, y obrará en mí la gracia que él desea otorgarme.

Y por último, en su tiempo, él me puede sacar nuevamente, cómo y cuándo, él lo sabe.

Déjenme decir que estoy aquí:

(1) Porque Dios así lo decidió,

(2) Bajo su cuidado,

(3)  Entrenado por él,
(4)  Para su tiempo.

¿Has experimentado el poder de Dios en el pasado? ¿Has experimentado su perdón? ¿Has disfrutado de su presencia? Aquel que te ha cargado hasta aquí no te dejará caer en estos momentos.

> Por Jehová son ordenados los pasos del hombre, y él aprueba su camino. Cuando el hombre cayere, no quedará postrado, porque Jehová sostiene su mano. (Salmos 37.23–24)

Él ha prometido no dejarte ni abandonarte nunca, no olvidarte ni desampararte. Su amor nunca cesa y su cuidado no disminuye.

Si te encuentras en un lugar difícil, recuerda que: estás ahí porque Dios así lo decidió, bajo su cuidado, siendo entrenado por él y por un tiempo específico.

Aunque parezca lo contrario, es el mejor lugar en el cual estar.

# ¿Y si es mi culpa?

*Nuestro Dios es un Dios que no solo restaura, sino que toma nues-*
*tros errores y estupideces en sus manos, los incorpora en sus planes*
*para nosotros, y les saca provecho.*

—J. I. Packer[7]

¿Qué sucede si estamos en aprietos, no porque el Señor nos llevó ahí, sino porque seguimos nuestros propios instintos? A veces somos los causantes de nuestro propio dolor. Con frecuencia nuestros problemas son resultado de puro egoísmo o estupidez. Entonces, ¿qué debemos hacer?

Un arrepentimiento genuino y sincero nos encamina de nuevo hacia la voluntad de Dios. La confesión es como el atajo que nos lleva del sendero de la rebeldía al camino recto y angosto de Cristo. Cuando nos arrepentimos genuinamente, nuestros pecados son lanzados muy lejos de nosotros, tan lejos como el este está del oeste; nuestros corazones son limpiados y nuestra relación con Dios es restaurada. Quizás algunas consecuencias queden por ahí, pero aun esas el Señor las usará para bien. Habrá necesidad de sanidad, pero el Gran Médico aplicará el ungüento. Él lo entreteje todo para que sus propósitos avancen.

El perdón de Dios da lugar al autoperdón. ¿Has leído lo que José les dijo a sus hermanos después que había pasado tanto tiempo desde cuando lo vendieron como esclavo? Él les dijo: «No se sientan culpables por esto».

José dijo: «Por favor no se aflijan más ni se reprochen el haberme vendido, pues en realidad fue Dios quien me mandó delante de ustedes para salvar vidas [...] No tengan miedo, les contestó José. ¿Puedo acaso tomar el lugar de Dios? Es verdad que ustedes pensaron hacerme mal, pero Dios transformó ese mal en bien para lograr lo que hoy estamos viendo» (Génesis 45.5; 50.19–20, NVI).

Cuando nos damos cuenta de que Dios nos ha perdonado podemos perdonarnos a nosotros mismos, y también nos damos cuenta de que no tenemos que permanecer molestos con nosotros mismos ni tenemos que seguir odiándonos más. Dios usará todo para bien según Romanos 8.28 (NVI): «Sabemos que Dios dispone todas las cosas para el bien de quienes lo aman, los que han sido llamados de acuerdo con su propósito».

Sidlow Baxter hizo la siguiente observación: «En la voluntad de Dios para nosotros hay [...] una adaptabilidad compasiva. El hecho de que no hayamos estado en la voluntad especial de Dios para nosotros desde el principio no quiere decir que no podamos entrar en ella *ahora*. Él puede comenzar desde el punto en que nosotros nos corrijamos».[8]

Después de una confesión y arrepentimiento genuino podemos comenzar donde estemos con la primera regla del Mar Rojo: recuerda que Dios en su providencia predominante, ha permitido que te encuentres en el lugar donde estás en este momento.

Un antiguo comentarista de Éxodo 14 dijo: «Cuando Dios acomoda nuestra posición, debemos tener la certeza de que es una posición sabia y benéfica; aun cuando en nuestra terquedad y obstinación elegimos una posición, él con su gracia puede desestimar nuestros errores y hacer que las influencias de las circunstancias que nosotros mismos elegimos, obren para nuestro beneficio espiritual».[9] Confía en él; él aún puede abrir un camino.

# Preguntas de estudio

1. Hay diferentes formas y tamaños de mares rojos. ¿En qué mar rojo te estás enfocando en esta jornada?
2. ¿Por qué es tan difícil la vida? ¿Por qué persisten los problemas? ¿Por qué tenemos que enfrentar esos mares rojos?
3. Sé honesto, cualquiera que sea tu experiencia, ¿cuál ha sido tu reacción inicial a tu propio mar rojo?
4. ¿De qué manera puede afectar tu reacción el tomar a pecho la primera regla?

# SEGUNDA REGLA
# DEL MAR ROJO

---

## Preocúpate más por
## la gloria de Dios que
## por tu alivio.

*Porque Faraón dirá de los hijos de Israel: Encerrados están en la tierra, el desierto los ha encerrado. Y yo endureceré el corazón de Faraón para que los siga; y seré glorificado en Faraón y todo su ejército, y sabrán los egipcios que yo soy Jehová.*

—ÉXODO 14.3–4

# SEGUNDA REGLA
# DEL MAR ROJO

Preocúpate más por
la gloria de Dios que
por tu alivio.

# La pregunta correcta

*Si tan solo pudiésemos ver una crisis como una ocasión para que, a
favor nuestro, salga a la luz la suficiencia de la divina gracia, nos
permitiría mantener el equilibrio en nuestras almas y darle la
gloria a Dios aun en medio de las aguas más profundas.*

—C. H. MACKINTOSH[1]

Durante un viaje en auto en 1946, la autora Gertrude Stein se enfermó. La llevaron de prisa al hospital estadounidense en Neuilly, Francia, donde le diagnosticaron un cáncer avanzado. El cirujano la operó, pero ya era demasiado tarde. Gertrude falleció la noche del 27 de julio. Sus últimas palabras confundieron a aquellos que la rodeaban. «¿Cuál es la respuesta?», dijo ella; como nadie le respondió, se rió calladamente y dijo: «En tal caso, ¿cuál es la pregunta?».[2]

A veces, no podemos encontrar las respuestas a nuestros dilemas porque estamos haciendo las preguntas equivocadas. Quizás nos encontremos como Gertrude Stein con un diagnóstico de una enfermedad incurable, o tenemos un hijo que está pasando por una crisis, o tenemos un problema legal complicado con que lidiar; quizás no haya dinero para ir a la universidad, o estamos en una relación difícil; quizás una enamorada o enamorado, o nuestro cónyuge, terminó con nosotros. Nuestro instinto natural es preguntar:

«¿Cómo me metí en este lío y cómo puedo salir de él?».

«¿Qué tan rápido podré resolver este problema?».

«¿Por qué me tuvo que pasar esto a mí?».

Estas son preguntas normales, pero quizás no sean las correctas. Existe una mejor forma de abordar las cosas, una que nos hace ver las situaciones difíciles desde una perspectiva totalmente nueva, pone nuestros problemas en un contexto diferente y crea nuevos paradigmas con los que podamos tratar las situaciones difíciles.

La próxima vez que te sientas abrumado, en vez de preguntar: «¿Cómo puedo salir de este lío?», pregunta: «¿Cómo puedo darle la gloria a Dios en esta situación?». Nuestra perspectiva cambia totalmente debido a las realidades espirituales que apoyan tal forma de abordar las cosas. Es como encender los reflectores en un estadio oscuro.

Mira cómo se desarrolla esto en Éxodo 14.3–4: «Porque Faraón dirá de los hijos de Israel: Encerrados están en la tierra, el desierto los ha encerrado. Y yo endureceré el corazón de Faraón para que los siga; y seré glorificado en Faraón y en todo su ejército, y sabrán los egipcios que yo soy Jehová».

Dios deliberadamente arregló los eventos de Éxodo como una ocasión para mostrar el poder que ejerce tanto sobre sus enemigos como sobre los elementos. La Nueva Versión Internacional dice: «Voy a cubrirme de gloria, a costa del faraón y de todo su ejército».

Aquella noche dramática, la gloria de Dios refulgió a la luz de la luna mientras que la brisa marina danzaba de un lado a otro, y las aguas se dividieron, hasta que el fondo del océano apareció como tierra seca. Su honor se erigió en paredes líquidas ante los sorprendidos israelitas y sus hazañas se convirtieron en la esencia de sus cánticos e historias por mil generaciones.

Tú también puedes ver tus problemas como una oportunidad para que Dios haga maravillas. Considera las palabras del salmo 136 (NVI):

Den gracias al Señor, porque él es bueno;
   su gran amor perdura para siempre [...]
Al único que hace grandes maravillas;
   su gran amor perdura para siempre [...]
Al que partió en dos el Mar Rojo;
   su gran amor perdura para siempre [...]
Pero hundió en el Mar Rojo al faraón y a su ejército;
   su gran amor perdura para siempre.

# Como cera bajo el sol

*Sé que él me prueba para aumentar mi fe y todo en amor. Bueno, si él recibe la gloria, yo me contento.*

—J. HUDSON TAYLOR[3]

El mismo Señor Jesús puso en práctica la segunda regla del Mar Rojo cuando las dificultades y demandas complicaron su plan. En Juan 9, por ejemplo, cuando sus discípulos se encuentran con un hombre ciego de nacimiento, le preguntaron: «¿Cómo se metió este hombre en esta situación?». «¿Por qué sucedió eso?». «¿Quién pecó, este o sus padres, para que haya nacido así?».

Jesús prácticamente les respondió: «La pregunta que están haciendo es incorrecta. Este hombre nació ciego para que el poder de Dios se manifieste en él». Después, el Salvador ungió los ojos del hombre con lodo y le dijo que fuese a lavarse en el estanque de Siloé. «Fue entonces, y se lavó, y regresó viendo».

Más adelante en Juan 11, leemos la historia de dos hermanas, María y Marta, que le enviaron a Cristo un mensaje urgente en relación a su hermano, Lázaro, que estaba muriendo. «Ven pronto», era el mensaje. «El que amas está enfermo». Pero Jesús se demoró tanto que Lázaro falleció. Las hermanas reprendieron a Jesús y le dijeron: «Señor, si tú hubieses estado aquí, nuestro hermano no hubiera muerto». Jesús veía las cosas desde otro punto de vista. Él les respondió y explicó: «Esta enfermedad no es para muerte, sino para la gloria de Dios, para que el Hijo de Dios sea glorificado por ella». Luego resucitó a Lázaro de muerte a vida para la gloria de Dios.

Poco después, en Juan 12, Jesús llegó a Jerusalén el Domingo de Ramos. Le quedaba poco tiempo, pues al final de esa semana estaría colgando en la cruz. Mientras entraba en la ciudad, montando su pollino, se desarrolló un desfile espontáneo; la multitud eufórica lo aclamaba como a un héroe victorioso y gritaba: «¡Hosanna, bendito el que viene en el nombre del Señor!».

Pero Jesús no compartía la euforia de ellos, pues preveía su sufrimiento. «Ahora está turbada mi alma; ¿y qué diré? ¿Padre, sálvame de esta hora? Mas para esto he llegado a esta hora. Padre, glorifica tu nombre» (Juan 12.27–28).

En otras palabras, al inicio de la semana más dolorosa de su vida, Jesús no preguntó: «¿Cómo puedo salir de esto?» sino: «¿Cómo puede ser glorificado el nombre de Dios?». La respuesta del Padre está en el versículo 28: «Lo he glorificado, y lo glorificaré otra vez».

Dios no desperdicia el sufrimiento; si nos lleva a situaciones imposibles, él nos librará a su tiempo, a su manera y por amor de su nombre. Nuestra tarea en medio de la dificultad es aprender la sencilla pero sumisa oración de nuestro Señor: *¿Qué diré? ¿Padre sálvame de esta hora? No, Padre glorifica tu nombre.*

Después de todo, ese es el sentido de nuestra vida. La gloria le pertenece solo a él. «No a nosotros, oh Jehová, no a nosotros, sino a tu nombre da gloria», dijo el salmista (Salmos 115.1) Los hijos de Israel no entendieron este principio, por eso clamaron: «¿Cómo nos metimos en este lío?». Deberían haber preguntado: «¿Cómo va a recibir la gloria Dios a través de esta situación?».

Eso es exactamente lo que mostró el escritor de Salmos 106:

> Cuando nuestros padres estaban en Egipto,
> no tomaron en cuenta tus maravillas;
> no tuvieron presente tu bondad infinita
> y se rebelaron junto al mar, el Mar Rojo.

Pero Dios los salvó, haciendo honor a su nombre,
para mostrar su gran poder. (vv. 7–8, NVI, énfasis añadido)

¿Cómo es que Dios tomó una situación imposible, le dio la vuelta y la uso para su honra? La historia de las aguas divididas nos muestra que Dios recibe la gloria:

cuando sus enemigos son vencidos;
cuando sus hijos son liberados;
cuando su nombre es exaltado;
cuando sus hazañas son recordadas;
cuando se cantan sus alabanzas.

Matthew Henry dijo: «A veces Dios levanta dificultades en el camino de su pueblo, para que él tenga la gloria al dominarlas y al ayudar a su pueblo a vencerlas».[4]

El Señor elabora formas para hacer que las dificultades se conviertan en liberaciones y los problemas en alabanza; él da belleza a cambio de cenizas y una actitud de alabanza en lugar de un espíritu de pesadumbre. No importa cuál sea la situación, él *glorificará* su nombre en la vida de sus hijos; nuestras situaciones adversas le *darán* honra, y en el proceso nos dejará la bendición de hacer que las cargas se derritan como cera bajo el sol.

# A su manera

*Cuando vemos las aflicciones más dolorosas bajo la luz equivoca-da, parecen intolerables.*

—HERMANO LORENZO[5]

Hay una cancioncita góspel, ya olvidada, que se cantaba con los acordes de un violín y deleitaba a los cristianos hace cien años; se jactaba de los métodos singulares que Dios usaba para suplir las necesidades de sus hijos.

> De una manera u otra el Señor va a proveer;
> Quizás no sea a tu manera, quizás no sea a mi manera,
> Pero a su manera el Señor proveerá.
> (*«The Lord Will Provide», Martha A. W. Cook*)

Con la misma confianza podemos decir que de una u otra forma, Dios va a librar a su pueblo de cada prueba con la que se enfrente. Quizás no sea a *mi manera*, quizás no sea a *tu manera*; sin embargo a *su manera*, el Señor nos librará; lo hará por amor a su nombre, lo hará para su gloria.

En la historia del Mar Rojo, el Señor desde el principio tenía toda la intención de obtener la gloria para sí, al arrebatar a su pueblo de las garras de la aniquilación al último momento. Él nunca se preocupó por el resultado, pues sabía que podía proveer una ruta de escape en cualquier momento. La Biblia afirma: «Fiel es Dios [...] que dará también [...] la salida» (1 Corintios 10.13).

La verdad es que el Señor no siempre nos libra de nuestros problemas de la manera en que nosotros quisiéramos, lo hace a *su manera*, pero a la larga, *su manera* es la mejor y siempre promueve la adoración. Lo dice en Salmos 50.15 (NVI): «Invócame en el día de la angustia; te libraré, y tú me honrarás».

Pensé en este versículo hace tiempo, cuando una amiga me llamó por teléfono, preocupadísima por su hijo de 16 años de edad que se había unido a malos amigos, había dejado la escuela, estaba consumiendo drogas y estaba fuera de control. A Jason lo habían encarcelado por agresión y robo a mano armada. En medio de llantos me dijo por teléfono cuánto amaba a su hijo, pero que sus problemas con él no tenían solución.

Cuando esa madre manejaba camino al centro de detención juvenil, necesitaba parabrisas para sus ojos por las lágrimas, tal era el llanto que le impedía ver la pista. Para su sorpresa, cuando llegó al centro, se dio cuenta de que Dios ya estaba obrando y estaba respondiendo a sus oraciones. Jason vestido con el uniforme de la prisión, también estaba llorando; quería una Biblia y quería cambiar su vida. Como el hijo pródigo, volvió a sus sentidos, y hablando de manera espiritual, estaba listo para volver a casa. Desde ese día ha sido una persona diferente.

«Muchos hijos no regresan hasta que tienen veinte o treinta años, el tuyo regresó a los dieciséis», le dije.

Tal como la experiencia de los israelitas al pie del Mar Rojo, el peor momento de esa madre era en realidad su mejor día, porque el Señor está en el negocio de liberar a su pueblo...

a su manera...

en su tiempo...

para su gloria.

David escribió en Salmos 34.19: «Muchas son las aflicciones del justo, pero de todas ellas le librará Jehová».

Así que, en vez de preguntar: «¿Cómo puedo salir de este lío?», pregunta: «¿Cómo puede ser glorificado Dios en esta situación con la que me enfrento?».

# Preguntas de estudio

1. De acuerdo a Éxodo 14.3-4, ¿Por qué guió Dios a su pueblo al borde del mar?

2. ¿Puedes pensar en héroes de la fe o personas que conozcas, que han enfrentado grandes problemas en el pasado, que luego obraron para su bien y para la gloria de Dios?

3. ¿Te has enfrentado con angustias en el pasado, que con el tiempo han resultado para tu bien y para la gloria de Dios?

4. ¿Qué tal si haces una oración sencilla que muestre tu cambio de perspectiva en la forma en que estás mirando tu dilema tipo Mar Rojo?

# TERCERA REGLA
# DEL MAR ROJO

Reconoce a tu enemigo,
pero mantén tus ojos
puestos en el Señor.

*Y fue dado aviso al rey de Egipto, que el pueblo huía: y el corazón
de Faraón y de sus siervos se volvió contra el pueblo, y dijeron:
¿Cómo hemos hecho esto de haber dejado ir a Israel, para que no
nos sirva? Y unció su carro, y tomó consigo su pueblo; y tomó seis-
cientos carros escogidos, y todos los carros de Egipto, y los capitanes
sobre ellos [...] Siguiéndolos, pues los egipcios.*

—ÉXODO 14.5–9

# Perseguidos

*El gran tirano no se ha olvidado de ti, su plan es capturarte y volverte a esclavizar.*

—CHARLES SPURGEON[1]

Un día mi hija estaba tomando una siesta en su dormitorio cuando despertó sobresaltada; una maligna sensación opresiva invadió su habitación y sintió que una fuerza física descendía sobre ella, presionándola contra su cama como para sofocarla. Aterrada, clamó: «¡Señor, ayúdame!». Instantáneamente esa fuerza malévola se esfumó, ella quedó débil y en lágrimas.

A veces el enemigo nos lanza ataques directos, ataques frontales como ese. He leído de muchos incidentes parecidos, pero por lo general Satanás es más confabulador y traicionero. En Efesios 6.11, Pablo hace una advertencia contra las «acechanzas» del enemigo.

Sin embargo, cuando ataca, de manera encubierta o franca, está más cerca y es más cruel de lo que nos damos cuenta, tal como el Faraón de Éxodo. Cuando el tirano contemplaba su dominio desolado, vio a los barrios de los esclavos desiertos, como pueblos fantasmas; sus proyectos de construcción quedaron suspendidos, no había ruidos de construcción; ni martilleos, ni ruido de rocas, ni el grito de los capataces. Los latigazos no se oían ya; no había esclavos cerca para que le preparasen su baño, le aplicaran sus óleos corporales, le prepararan su desayuno o se inclinasen a sus pies. Faraón había sido saqueado y humillado delante de su pueblo, su ira subió como el mercurio en un termómetro.

«¡Convoquen a los generales, despierten a las tropas, preparen los carros!», vociferó.

Soldados cansados saltaron de sus camas y de las barracas; los caballos salieron corriendo de sus establos y el ejército se movilizó en tiempo récord. «Los egipcios, con todo su ejército, con carros y caballería, salieron a perseguir a los israelitas, y los alcanzaron a la orilla del mar, ...donde estaban acampados» (Éxodo 14.9, DHH).

¿Alguna vez te has sentido perseguido, oprimido? ¿Has sentido al enemigo pisándote tus talones? ¿Te has preguntado alguna vez si tus problemas simultáneos han sido orquestados por una mano diabólica invisible? ¿Has tenido la impresión de que tu depresión e ira tienen su origen en una fuente malévola? La tercera regla del Mar Rojo dice: Reconoce quien es tu enemigo, pero mantén tus ojos en el Señor.

Considera las semejanzas entre el Faraón y Satanás. Ambos son enemigos implacables, que codician el poder de Dios; el Todopoderoso los ha dejado sin nada y ambos están enfurecidos hasta rebozar; ambos han juntado grandes ejércitos para destruir al pueblo de Dios; sin embargo parece que ninguno se da cuenta que ya estaban y están totalmente derrotados.

La Biblia compara a Satanás con cinco animales diferentes: en Génesis 3, es una serpiente tratando de engañar al pueblo de Dios; en Mateo 13, un ave que trata de saquear la cosecha de Dios; en Juan 10, Jesús lo considera un lobo que ataca el rebaño de Dios; en 1 Pedro 5, es un león que trata de devorar a los hijos de Dios; y en Apocalipsis 12, es un dragón que quiere destruir al Hijo de Dios.

La sangre de Jesucristo perdona nuestros pecados y resuelve nuestra culpa; su resurrección nos libra del temor a la muerte y satisface nuestra necesidad eterna de importancia y felicidad. La presencia del Señor nos rodea, mientras que las promesas de la Biblia nos sustentan; su gracia sana las heridas provenientes de los latigazos. Jesús dijo: «Así que, si el Hijo os libertare, seréis verdaderamente libres» (Juan 8.36).

Sin embargo, Satanás no rinde su presa sin luchar por ella; arremete contra el alma convertida a toda velocidad levantando polvo con las ruedas, con el fin de desanimarte para derrotarte, te persigue con la misma intensidad de Faraón. Quizás use a tus amigos de antes, un lugar de persecución o respuestas desalentadoras por parte de tu familia; quizás te haga ver a un hipócrita en la iglesia, o te aflija con una falta total de entusiasmo; puede que mande un misil de tentación directo a tu corazón o una lluvia de pruebas y problemas a tu vida.

Él trata de atraparte en dificultades, enredarte en problemas, arrinconarte en situaciones imposibles y hacerte caer en tentación. Si te encuentras en una situación difícil en estos momentos, si estás sufriendo dolor, preocupación, angustia o enfermedad; sin lugar a duda, el diablo tiene algo que ver con eso en alguna forma, grande o pequeña.

Reconoce la actividad de Satanás, pero no dejes que te intimide, tú puedes resistirle con el poder de Dios y por la sangre de Jesucristo. Es más, nuestro Jefe supremo te exige que hagas uso de tal resistencia. Memoriza los siguientes versículos y aprópiate de ellos en cada momento, especialmente cuando te veas amenazado por las maquinaciones del enemigo:

El pueblo que conoce a su Dios se mantendrá fuerte y lo resistirá. (Daniel 11.32, NTV)

Resistid al diablo, y huirá de vosotros. Acercaos a Dios, y él se acercará a vosotros. (Santiago 4.7–8)

Al cual resistid firmes en la fe. (1 Pedro 5.9)

Pónganse todas las piezas de la armadura de Dios para poder resistir al enemigo en el tiempo del mal. Así, después de la batalla, todavía seguirán de pie, firmes. (Efesios 6.13, NTV)

Cuando rechazamos al enemigo en el nombre de Jesucristo, cuando nos afirmamos en nuestras convicciones, cuando resistimos sus artimañas y nos apropiamos de la victoria de fe, cuando sacudimos el desaliento de nuestros hombros en el nombre del Señor, Satanás cae del cielo más rápido que un rayo y se ahoga en el Mar Rojo de la sangre de Jesucristo.

Cada vez que resistimos a la más mínima tentación, honramos a Dios, cada vez que vencemos el problema más pequeño al confiar y obedecer a nuestro Señor Jesús, Dios recibe la gloria en nuestras vidas. Cuando escogemos el carácter en vez de lo conveniente, fidelidad más que comodidad u honestidad en vez de engaño, nuestro Señor recibe toda la gloria; cuando le servimos con obediencia indiscutible aun en las cosas más pequeñas, Dios es glorificado, tal como al pie del Mar Rojo.

«Estas cosas», escribe el apóstol Pablo, refiriéndose a los eventos de Éxodo, «sucedieron como ejemplo para nosotros» (1 Corintios 10.6).

# Un perro llamado Satanás

*Por lo general, el diablo no da en el blanco.*

—Peter Cartwright[2]

El periódico británico *Sun* [Sol] tenía este encabezado: «Pastor anglicano fue atacado salvajemente por un perro llamado Satanás». «Un pastor anglicano», reportó el periódico, «se recupera después de haber sido atacado salvajemente por un pastor alemán llamado Satanás. Alan Elwood, 45, fue mordido por todo el cuerpo, sus pantalones y su camisa terminaron en tiras durante el ataque en una granja en Westport, Somerset. "Fue una experiencia espantosa. De suerte que salí de ahí", le dijo el señor Elwood al *Sun*».[3]

El reverendo Elwood no es el primero, ni será el último cristiano que sea atacado por «Satanás». Por lo general subestimamos qué tanto el enemigo quiere perturbar nuestras vidas.

Cuando el apóstol Pablo se encontraba con personas que trataban de poner trabas a su ministerio y de desalentar a sus oidores, podía ver la mano de Satanás (Hechos 13.10). Cuando veía a una audiencia que no era salva, culpaba a Satanás por la perdición de ellos (Hechos 26.18). El apóstol Pablo se lamentaba con el joven Timoteo por aquellos que rechazaban el evangelio y que estaban atrapados en «el lazo del diablo, en que están cautivos a voluntad de él» (2 Timoteo 2.26). De la misma manera cuando los hombres y las mujeres confesaban a Cristo como Salvador, Pablo podía ver claramente que era un gran golpe al imperio de Satanás (Colosenses 1.13–14).

Cuando Pablo se encontraba con gente problemática en la iglesia, podía discernir la mano astuta de Satanás (Romanos 16.17–20).

Cuando se enfermó, estaba convencido de que Satanás tenía algo que ver con ello; se refirió a su enfermedad como un «mensajero de Satanás que me abofetee» (2 Corintios 12.7).

Cuando no pudo visitar a la iglesia tesalónica, Pablo escribió: «Quisimos ir a vosotros [...] pero Satanás nos estorbó» (1 Tesalonicenses 2.18).

Cuando Pablo ejerció disciplina a un miembro que estaba en pecado, el tal fue entregado a Satanás (1 Corintios 5.5).

Cuando la relación sexual de los matrimonios en sus iglesias no era buena, de tal manera que las tentaciones se convertían en inmoralidad, Pablo culpaba al diablo por tales fallas (1 Corintios 7.5).

Cuando el apóstol se encontraba con gentiles que adoraban ídolos, sabía que Satanás estaba detrás de todo eso (1 Corintios 10.20–21).

Cuando encontraba cristianos que albergaban actitudes de amargura y falta de perdón hacia otros, veía la mano de Satanás; por eso les dio instrucciones a los efesios: «No dejen que el sol se ponga estando aún enojados, ni den cabida al diablo» (Efesios 4.26–27, NVI). Él les dijo a los corintios que perdonaran a la persona que pecara contra ellos «para que Satanás no gane ventaja alguna sobre nosotros; pues no ignoramos sus maquinaciones» (2 Corintios 2.11).

Cuando sus convertidos se desviaban, Pablo atribuía ese comportamiento al diablo (1 Timoteo 4.1; 5.15); cuando los falsos líderes de la iglesia comprometieron su reputación y su labor, él culpó al diablo (1 Timoteo 3.6–7).

Pablo nos advierte: «Porque no tenemos lucha contra sangre y carne, sino contra principados, contra potestades, contra los gobernadores de las tinieblas de este siglo, contra huestes espirituales de maldad en las regiones celestes» (Efesios 6.12).

El patriarca Job hubiera entendido la preocupación de Pablo, pues en una sola ocasión unos bárbaros le quitaron sus rebaños, un tornado mató a sus hijos, la enfermedad le quitó su salud, el infortunio le quitó su riqueza. Sentado entre las cenizas, rascándose la sarna con un tiesto y lamentando su suerte, no se había percatado de que sus aflicciones habían sido orquestadas por Satanás, que intentaba destruir su alma; pero esa era la realidad.

Este mismo diablo orquesta ataques parecidos contra nosotros hoy.

¿Cómo debemos responder? Debemos acercarnos a Cristo y mantenernos bajo la nube protectora de su gracia. En Éxodo 14, Faraón podía amenazar con fuerza y fanfarronería, podía levantar con sus carros inmensas nubes de polvo amenazadoras, podía aterrorizar con miles de espadas; pero en realidad no tenía poder para hacer ningún daño a los israelitas mientras que ellos se mantuviesen bajo la nube protectora de la gloria y la gracia de Dios. Pedro escribió: «Al cual [Satanás] resistid firmes en la fe» (1 Pedro 5.9).

Hace varios años me encontraba caminando por una vereda en la parte este de Nashville, me dirigía a una visita pastoral; cuando de repente, vi a un pastor alemán que venía a toda velocidad por un jardín; ladrando, gruñendo, mostrando sus dientes y con espuma en la boca; me dio tal susto que grité y di un salto hacia atrás. Entre mi supuesto atacante y yo había una cerca metálica, el perro dio contra la cerca con toda su fuerza; mi corazón palpitaba fuertemente, pero yo estaba totalmente fuera de peligro a causa de la cerca.

Satanás puede gruñir y ladrar, embestir y amenazar; pero si estamos rodeados por la gracia de nuestro Señor Jesucristo, no nos puede dañar en verdad ni de manera permanente.

Cometemos un error cuando reconocemos al Señor pero mantenemos nuestros ojos puestos en Satanás; es mucho mejor reconocer al diablo mientras que mantenemos nuestros ojos en Cristo.

El verdadero enfoque del apóstol Pablo, cuando hablaba o daba explicaciones acerca del diablo, era Cristo; en las epístolas paulinas, la palabra *Jesús* aparece en 219 versículos, la palabra *Señor* se encuentra en 272 versículos y la palabra *Cristo* en 389 versículos; por otro lado, la palabra *Satanás* solo se encuentra en 10 versículos y *diablo* solo en 6 versículos.

Cuando las cosas vayan mal, cuando te sientas atrapado entre la espada y el mar, cuando estés siendo atacado, reconoce la mano del diablo, pero mantén tus ojos en Cristo.

Él te va a ayudar a pasar la prueba, él abrirá un camino.

# Preguntas de estudio

1. ¿Qué características en común comparten el Faraón de Éxodo y el diablo?
2. Según Juan 10.10, Efesios 4.37 y 1 Pedro 5.8, ¿Cuál es la meta de Satanás?
3. ¿Qué piensas o sientes cuando piensas que puedes estar siendo atacado por el enemigo?
4. Hebreos 12.2 nos dice que pongamos nuestros ojos en Jesús durante los tiempos de dificultad. ¿Cuáles serían algunas maneras útiles de aplicar este consejo a tus circunstancias del presente?

# CUARTA REGLA
# DEL MAR ROJO

---

## ¡Ora!

*Y cuando Faraón se hubo acercado, los hijos de Israel alzaron sus ojos, y he aquí que los egipcios venían tras ellos; por lo que los hijos de Israel temieron en gran manera, y clamaron a Jehová.*

—ÉXODO 14.10

# Oraciones a la orilla del mar

*Su temor los puso a orar y este fue un buen efecto del temor. Dios nos pone en estrechos para ponernos de rodillas.*

—MATTHEW HENRY[1]

Algunas situaciones me han dejado con solo dos opciones: puedo entrar en pánico o puedo orar; mi tendencia, tal como la de los israelitas junto al Mar Rojo o los discípulos en el mar de Galilea es entrar en pánico. He experimentado una buena cantidad de ataques de pánico de hiperventilación y palpitaciones rápidas; pero el Señor ha invertido años tratando de enseñarme que la oración es el medio por el cual puedo mantenerme calmado, controlado, sereno y lleno de vida, aun en medio de una crisis, todo depende de mí.

Cuando no podemos ir hacia adelante, movernos hacia un lado, o dar un paso hacia atrás, es tiempo de mirar hacia arriba y pedirle a Dios que abra un camino; en momentos de incertidumbre el patriarca Jacob dijo: «Levantémonos, y subamos a Bet-el; y haré allí altar al Dios que me respondió en el día de mi angustia, y ha estado conmigo en el camino que he andado» (Génesis 35.3).

Hablando de sus días como un fugitivo, David escribió: «En mi angustia invoqué a Jehová, y clamé a mi Dios; el oyó mi voz desde su templo» (2 Samuel 22.7). El escritor del salmo 107 declara lo siguiente:

Claman a Jehová en su angustia,
y los libra de sus aflicciones.
Cambia la tempestad en sosiego,
y se apaciguan sus ondas. (vv. 28-29)

Eso es exactamente lo que sucedió cuando los israelitas clamaron a Dios al pie del Mar Rojo, excepto que las olas se convirtieron en paredes vibrantes de agua, retenidas por diques invisibles.

No me estoy refiriendo a nuestro tiempo devocional diario, a pesar de que son sumamente importantes; me estoy refiriendo a las oraciones en tiempos de crisis. Oraciones persistentes e intensas, oraciones en medio de sucesos que amenazan nuestra vida o que amenazan con destruirnos el alma. «Este género no sale sino con oración y ayuno» (Mateo 17.21). Pablo escribe en Efesios 6.18: «Orando en todo tiempo con toda oración y súplica». Los israelitas estaban en una crisis en Éxodo 14, y su clamor a la orilla del mar era

urgente,

 unido,

  no fingido,

   pero incrédulo.

Es evidente que había urgencia en su oración, pues el verbo que se usa es *clamaron*. Una amiga en la escuela de estudios superiores me regaló un libro, titulado *Master Secrets of Prayer* [Domine los secretos de la oración], que su padre, Cameron Thompson, escribió; mi copia está marcada por todas partes y muy gastada, pero aún la atesoro, y tengo subrayadas estas palabras:

A pesar de nuestras formas suaves y modernas, llega un momento en el cual debemos orar con desesperación; cuando debemos batallar; cuando debemos ser francos, sin tener vergüenza e insistentes. Muchas de las oraciones que se encuentran en las Escrituras son «clamores», las palabras en hebreo y griego son bastante fuertes. Aunque hay quienes opinan lo contrario, la Biblia reconoce lo que es arrebatar

el cielo, «orar hasta alcanzar la victoria». «La oración ferviente de un hombre justo es poderosa y logra mucho»
(Santiago 5.16).[2]

Recuerdo situaciones como esas en mi vida, como cuando a mi
padre le dio un ataque al corazón, cuando una posibilidad de trabajo
se desvaneció sorpresivamente, cuando un amigo tomó una sobredo-
sis de cocaína, cuando uno de mis hijos estuvo andando con malas
juntas. Lo único que yo podía hacer era rogarle a Dios, a veces esas
oraciones eran largas. En toda mi vida he pasado dos noches enteras
en oración.

Sin embargo, otras veces mis oraciones son muy breves. No hace
mucho, leyendo lo que la misionera Amy Carmichael escribió, aprendí una nueva técnica de oración. Ella la aprendió del famoso maestro
de la Biblia, el doctor F. B. Meyer, que le dijo que cuando él era joven
había sido muy irritable y malhumorado; un caballero le aconsejó
que en el momento de la tentación mirase hacia arriba y dijese: «Tu
dulzura, Señor».

Amy Carmichael desarrolló diferentes variaciones de esa oración; cuando se encontraba con alguien a quien ella no le gustaba,
oraba en silencio: «Tu amor, Señor»; en medio de una crisis, ella susu-
rraba: «Tu ayuda, Señor» o «Tu sabiduría, Señor».[3]

A veces, cuando estoy preocupado, simplemente levanto mi
corazón hacia el cielo y digo: «Señor...», seguido del nombre de la
persona por la cual estoy preocupado.

Cuando reflexiono y pienso en los años que han pasado, me doy
cuenta de que nunca me he enfrentado a una crisis en la cual Dios no
haya abierto un camino en respuesta a mi oración ferviente, haya
sido prolongada o instantánea. Santiago 5.16 nos dice: «La oración
ferviente de una persona justa tiene mucho poder y da resultados
maravillosos» (NTV). Ese es el gran secreto de aquellos que ponen sus
manos en las manos de aquel que puede partir los mares.

# Unida y no fingida

*¡Tengo que hablar con el Padre de esto!*

—BILLY BRAY[4]

Una tarde, cuando estaba en mi estudio, me preocupé mucho por una situación en particular, y mi ansiedad aumentó hasta llegar a niveles paralizantes; caminé por las oficinas y encontré a nuestro ministro de jóvenes, que se había quedado a trabajar hasta tarde, nos pusimos de rodillas y oramos con fervor por esa situación. Esa misma noche me enteré que, a pesar de todas las improbabilidades, las cosas habían cambiado precisamente en el momento en que habíamos estado orando.

No sabría cómo explicarlo, pero siento que si hubiera estado orando solo, mi oración solitaria no hubiera sido tan efectiva como para producir cambio alguno; pero hay algo poderoso cuando uno ora con otra persona, que intensifica la oración y la manda al cielo con mayor velocidad.

Aprendemos de Éxodo 14.10 (NVI) que «los hijos de Israel clamaron al Señor». Ese fue un gran clamor unido, elevado por una hueste de voces que perforaron los cielos como una señal masiva de angustia.

Cuando el doctor Paul White fungía en un hospital en los montes de África oriental, fue a verlo un maestro llamado Yamusi Cikata, a quien lo llevaron en una camilla; los parásitos y la enfermedad habían atacado sus pies, por lo que se hincharon al doble de su tamaño normal; no podía caminar ni ponerse de pie.

El doctor White le dijo: «Esta enfermedad es realmente muy mala; la única forma de salvarte la vida es cortándote las piernas más arriba de la rodilla».

El rostro del maestro decayó. «Pero en mi tribu no hay lugar para un hombre que no tenga pies. ¿Cómo podría cultivar? ¿Cómo podría cuidar de mi huerto y mi ganado?».

Yasumi sacó un Nuevo Testamento gastado, de dentro de la poca ropa que llevaba puesta, y lo abrió en el pasaje en Santiago 5.16 y dijo:

—Lea esto.

El doctor White no podía leer el lenguaje de la tribu, así que le pidió a su asistente que lo tradujera: *la oración ferviente de un hombre que está bien con Dios es muy efectiva* [traducción libre].

—¿Cree usted esto? —preguntó el paciente.

—Sí, Yamusi, sí lo creo.

—¿Lo cree lo suficiente como para poner mi vida en juego en este pasaje?

El doctor meditó por un momento en la pregunta y finalmente respondió:

—Eso depende de ti también. El libro dice: «Si dos de vosotros se pusieren de acuerdo acerca de cualquier cosa que pidieren, les será hecho».

El doctor se arrodilló al pie de la cama y juntos hicieron un pacto. Junto con las oraciones hubo meses de baños de pies, inyecciones, terapia y tratamiento; después de siete meses hubo una pequeña mejoría, y los dos hombres se arrodillaron para agradecer a Dios y pedir más progreso.

Una mañana, el doctor White encontró a Yamusi cojeando por los alrededores del pabellón, con el rostro radiante; y antes de que se acabase el año ya podía caminar sin dolor.[5]

Dios no siempre responde con un sí a nuestras peticiones, pero escucha con una atención especial cuando dos o tres se juntan en una oración unida, y responde a su manera y en su tiempo con poder y sabiduría.

La oración de los israelitas era unida y a la vez no fingida; nunca antes habían sido tan fervorosos, ese no era un ritual religioso; estaban en pánico; el estallido de sus oraciones era real y sin refinamiento alguno.

Observa la forma como oraban los hombres y mujeres de la Biblia, y compárala con tu vida de oración:

Si tú [...] buscares a Dios (*fervientemente),* y rogares al Todopoderoso [...] ciertamente luego se despertará por ti. (Job 8.5–6, énfasis añadido)

Jairo [...] le rogaba *mucho,* diciendo: Mi hija está agonizando; ven y pon las manos sobre ella. (Marcos 5. 22–23, énfasis añadido)

Y ellos vinieron a Jesús y le rogaron con *solicitud.* (Lucas 7.4, énfasis añadido)

Y estando en agonía, [Jesús] oraba más *intensamente.* (Lucas 22.44, énfasis añadido)

Elías [...] oró *fervientemente* para que no lloviese, y no llovió sobre la tierra por tres años y seis meses. (Santiago 5.17, énfasis añadido)

*Perseverad* en la oración, velando en ella con acción de gracias. (Colosenses 4.2, énfasis añadido)

La oración *ferviente* de una persona justa tiene mucho poder y da resultados maravillosos. (Santiago 5.16, NTV, énfasis añadido)

Cuando Dios, en su gracia y misericordia, respondió al clamor de los israelitas junto al mar, no era porque ellos esperaran que él respondiese.

Observa cómo se desarrolla el pasaje: «Los hijos de Israel temieron en gran manera, y clamaron a Jehová. Y dijeron a Moisés: ¿No había sepulcros en Egipto, que nos has sacado para que muramos en el desierto?» (Éxodo 14.10–11). Ellos oraron, pero no se imaginaban que Dios realmente respondería a su oración.

Es triste decirlo, pero entiendo esa situación; una vez por ejemplo, tuve que pasar la noche en Puerto Alegre, Brasil, en un edificio que se estaba desmoronando; un amigo y yo subimos a nuestra habitación, que estaba en el último piso, en un ascensor pequeño y destartalado. Desde nuestra ventana podía ver los barrios bajos que se extendían a lo largo y me sentí intranquilo. Aquella noche oré «Señor, protégenos del fuego esta noche. Tú puedes ver que estamos en la parte alta de este ruinoso hotel, que no es más que una trampa de fuego, y no hay una estación de bomberos cerca, y tampoco puedo encontrar la salida de escape. Señor, tú sabes que este edificio viejo se encendería en un instante, solo una chispa y ¡puf!; y Señor, tú has visto todas esas cajas de Marlboro para la venta en las calles, y en este mismo momento este hotel está lleno de personas que se están quedando dormidas con cigarrillos en sus bocas...».

Cuando terminé de orar, estaba hecho un manojo de nervios, casi no dormí toda la noche; a la mañana siguiente, me di cuenta de que mi oración antes de dormirme había estado enfocada en mis sentimientos negativos, no en la seguridad y las promesas de Dios; aprendí una verdad importante: a menos que roguemos con fe, nuestras oraciones pueden hacer más daño que bien.

Es mucho mejor hacer *la oración de fe* como la llama Santiago (Santiago 5.15).

El escritor puritano, Thomas Watson, dijo: «La fe es a la oración lo que la pluma es a la flecha, ella aligera la flecha de la oración para que vuele velozmente y penetre el trono de la gracia».[6]

Cuando te enfrentas con improbabilidades e imposibilidades, ora con urgencia, sin fingimiento y en unidad; y confía en el gran Dios que responde las oraciones, que da misericordia y gracia para socorrer en tiempo de necesidad.

# Preguntas de estudio

1. ¿Puedes acordarte de alguna vez cuando clamaste al Señor en un momento de desesperación o necesidad? Escribe lo que recuerdes de esa ocasión.

2. Las mismas palabras que están en Éxodo 14.10 (los israelitas vieron, tuvieron miedo y clamaron) se usan en el relato cuando Pedro intentó caminar sobre las aguas del mar de Galilea en Mateo 14.30. ¿De qué manera puede ayudarnos la oración para pasar del pánico a la paz y de la paz a la alabanza?

3. ¿Acepta el Señor la oración en tiempo de crisis? Basa tu respuesta en 1 Pedro 5.6–7.

4. Piensa y apunta una o dos maneras útiles en que puedas implementar hábitos de oración más fuertes durante este período en tu vida.

# Quinta regla del Mar Rojo

Mantén la calma y ten
confianza, dale tiempo a
Dios para que obre.

*Y Moisés le dijo al pueblo: No temáis; estad firmes, y ved la salvación que Jehová hará hoy con vosotros; porque los egipcios que hoy habéis visto, nunca más para siempre los veréis. Jehová peleará por vosotros, y vosotros estaréis tranquilos.*

—ÉXODO 14.13–14

# En espera

*Espero en ti, Señor, para que abras el camino.*

—J. Hudson Taylor[1]

Una noche cuando estaba preocupadísimo por algo, encontré estas palabras que estaban sentadas tranquilamente en la página 1291 de mi Biblia; las he leído un sinnúmero de ocasiones, pero al fijar la vista en ellas esta vez, volaron directamente hacia mí como las piedras de una honda. Esas palabras, que ahora están bien subrayadas en mi Biblia, son *dejad lugar a... Dios.*

El contexto inmediato, Romanos 12.19, tiene que ver con retribución; el escritor aconseja que cuando alguien nos haga daño, no debemos tratar de ajustar cuentas con esa persona, sino que debemos dejar lugar a la ira de Dios; hay ocasiones en las que debemos dejar que Dios arregle las cuentas. Llegué a la conclusión de que si podemos dejar lugar a la ira de Dios, ¿no podremos acaso dejar lugar para sus otros atributos cuando nos enfrentamos con otros retos? ¿No podemos dejar lugar para su poder, su gracia y su intervención? He subrayado estas palabras *dejad lugar a... Dios* y me he apoyado en ellas desde esa vez.

No puedo resolver cada problema, curar cada herida ni evitar cada temor, pero sí puedo dejar lugar a Dios; no tengo que tener una respuesta para cada dilema, pero puedo dejar lugar para que Dios obre; no puedo hacer lo imposible, pero él puede hacer «mucho más

55

abundantemente» de lo que yo pudiera pedir o imaginar (Efesios 3.20); el Señor se deleita en lo imposible.

Moisés le dijo al pueblo: «No temáis; estad firmes, y ved la salvación que Jehová hará hoy con vosotros; porque los egipcios que hoy habéis visto, nunca más para siempre los veréis. Jehová peleará por vosotros, y vosotros estaréis tranquilos» (Éxodo 14.13–14).

La frase bíblica «esperar en el Señor» quiere decir: entregar nuestras situaciones como las del Mar Rojo a él en oración y esperar que obre. Esa es una actitud totalmente contraria a nuestra naturaleza proactiva y asertiva, pero muchas de las migrañas de hoy se curarían con una dosis de Salmos 37.7–8, (NVI): «Guarda silencio ante el Señor, y espera en él [...] no te alteres, que eso empeora las cosas».

Si te encuentras en una situación difícil en estos momentos, quizás lo que tienes que hacer es encomendar el problema al Señor y dejarlo en sus manos por algún tiempo. Solo él puede atacar lo que es impenetrable, concebir aquello que es difícil y llevar a cabo lo imposible. Solo él puede partir las aguas.

# No temas

*En los tiempos de gran dificultad y gran expectativa, sería más juicioso que mantengamos nuestro ser calmado, tranquilo y sosegado; pues así estamos en mejor estado de ánimo, tanto para hacer lo que nos corresponde como para considerar la obra de Dios.*

—Matthew Henry[2]

Hace algunos años, leí la Biblia de tapa a tapa, de Génesis a Apocalipsis, en busca de frases como: «no temas» y «no tengas temor»; encontré 107 menciones en el Antiguo Testamento y 42 en el Nuevo Testamento. Algo que se menciona con tanta frecuencia en la Biblia debe ser porque es una condición común entre los seres humanos o es de gran prioridad para Dios. A medida que estudiaba esos versículos (y otros que trataban con emociones similares), algo se me hizo muy claro: Dios quiere que sus hijos tengan sus emociones bajo control.

Eso es algo difícil para nosotros. La palabra *emoción* en sí, tiene que ver con movimiento; nuestros sentimientos suben y bajan, a veces a la velocidad de una montaña rusa; en un momento estamos enfurecidos y al siguiente nos consume el amor o la lascivia o la agonía de la depresión o la ansiedad. Tenemos sentimientos fuertes, que por lo general son motivados por circunstancias imperiosas; con todo ello, las cosas se empeoran cuando le damos rienda suelta a nuestras emociones.

Se puede decir que la madurez es la habilidad de poder mantener nuestras pasiones bajo control. Mi nieta de dos años de edad, tiene poco control de sus emociones; cuando está alegre, está contenta por todos lados, corre por la casa como un tornado, se ríe, juega y grita; en otras ocasiones está molesta de la cabeza a los pies, grita, llora y zapatea.

Se espera que los adultos tengan una madurez que diga: «No confíes en tus emociones, nunca dejes que te controlen. Tenemos que caminar por fe, no por nuestros sentimientos. A veces, debemos escoger una actitud totalmente contraria a lo que sentimos».

Este es el punto importante de Éxodo 14; los hijos de Israel tenían toda la razón para estar aterrorizados; estaban arrinconados como conejos por lobos que los tenían rodeados, y el polvo a la distancia se levantaba como demonios. Los israelitas no se enfrentaban con la posibilidad de volver a ser esclavizados, sino con la masacre inminente de sus familias, sus pequeños y sus padres ancianos; no había forma de escapar humanamente.

Aunque las razones para temer eran buenas, los argumentos para estar confiados eran aun mucho mejor; tenían un aliado junto a ellos que había enviado relámpagos, langostas y otras tantas plagas sobre los egipcios, un aliado que se levantó como una columna de nube y fuego.

Ese aliado les decía: «Cálmense, enrollen esas emociones que están fuera de control, contrólense; pasen del temor a la fe, confíen en mí, porque me voy a encargar de esta situación, yo voy a pelear por ustedes».

En una ocasión, el doctor David Martyn Lloyd-Jones predicó un sermón acerca del terror que tuvieron los discípulos durante la tormenta del mar de Galilea; terminó su sermón con esta conclusión bien marcada: «No importa cuáles sean las circunstancias, el cristiano nunca debe agitarse; el cristiano nunca debe estar fuera de sí; el cristiano nunca debe estar a punto de perder la esperanza; nunca debe estar en una condición en la que ha perdido... Ello implica una falta de confianza y seguridad en Dios».[3]

Pocas veces he sido regañado o he estado tan agradecido por un sermón, como en esta ocasión. Cuando nos encontramos atrapados

por el Mar Rojo en nuestras aflicciones de la vida, debemos confiarle
a Dios lo imposible y dejar lugar para que obre; el Señor ha prometido pelear por nosotros. Busca en las Escrituras y verás que es una de
las verdades que el Señor repite con más frecuencia, los siguientes son
algunos ejemplos:

No teman [...] El Señor su Dios va delante de ustedes, él
peleará por ustedes. (Deuteronomio 1.29–30, RVC)

No les tengan miedo, porque el Señor su Dios es quien pelea
por ustedes. (Deuteronomio 3.22, RVC)

Esfuércense y cobren ánimo; no teman, ni tengan miedo de
ellos, porque contigo marcha el Señor tu Dios, y él no te
dejará ni te desamparará. (Deuteronomio 31.6, RVC)

Toda esta gente va a saber que el Señor no necesita de espadas ni de lanzas para salvarlos. La victoria es del Señor. (1
Samuel 17.47, RVC)

Si Dios es por nosotros, ¿quién contra nosotros? [...] En todas
estas cosas somos más que vencedores por medio de aquel
que nos amó. (Romanos 8.31, 37)

Cuando los comunistas invadieron China al término de la
Segunda Guerra Mundial, mil misioneros que trabajaban con China
Inland Mission [Misión al Interior de China] o CIM, quedaron atrapados detrás de la Cortina de Bambú. CIM ordenó una evacuación
total en enero de 1951 pero, ¿era demasiado tarde? Los comunistas
no tenían ninguna objeción con matar a nadie.

El 3 de enero, Arthur y Wilda Mathews presentaron una solicitud de visa de salida; sus condiciones de vida se deterioraron al punto
de que tenían una cocina vacía, en la cual, en un rincón, Wilda había
transformado un baúl pequeño en su rincón de oración. Pasaron los

días y no había ningún movimiento en relación a su pedido. Mientras tanto, los ciudadanos eran ejecutados a diario en el campo deportivo del pueblo, desde su cocina Wilda podía escuchar los disparos; el estrés se hizo insoportable y el temor la agobiaba.

El domingo 21 de marzo de 1951 era, lo que ella llamaría años después, la Pascua Negra; sin que nadie lo notara, Wilda entró a hurtadillas a un servicio de Pascua, pero cuando abrió su boca para cantar «¡Él vive!», no pudo pronunciar ni una sola palabra. Al retornar a casa cayó a los pies del baúl y sus dedos temblorosos encontraron 2 Crónicas 20: «No es vuestra la guerra, sino de Dios [...] No habrá para qué peleéis vosotros en este caso; paraos, estad quietos, y ved la salvación de Jehová con vosotros. Oh Judá y Jerusalén, no temáis ni desmayéis» (vv. 15, 17). Wilda se aferró a esas palabras, dos semanas después escribió: «El conflicto ha sido terrible, pero ahora reinan la paz y la calma».

Durante los siguientes dos años la familia Mathews se enfrentó a situaciones peligrosas: su bebé estaba en peligro, su alacena vacía y sus enemigos los rodeaban, pero Arthur y Wilda encomendaban cada situación, una tras otra, a las manos del Señor. De manera milagrosa y en el tiempo de Dios, todos los misioneros de CIM pudieron salir, sin que ninguno de ellos fuese martirizado; los últimos fueron los Mathews. Es posible que ese haya sido el éxodo más grande desde el de Éxodo 14.[4]

Muchas veces no podemos resolver problemas, sanar heridas, cambiar las circunstancias ni ganar nuestras propias batallas; en esas ocasiones debemos arrodillarnos a orar y luego ponernos de pie para poder ver lo que el Señor va a hacer; debemos dejar lugar a Dios, manteniendo la calma y dándole tiempo para que obre.

C. H. Mackintosh escribió: «La fe eleva al alma más allá de las dificultades, la lleva directo a Dios, y permite que uno esté quieto; no ganamos nada con nuestros esfuerzos, nuestra inquietud y nuestra ansiedad... La verdadera sabiduría es pues estar quietos en los tiempos de dificultad y confusión, esperar en Dios; con seguridad él nos abrirá un camino».[5]

# Preguntas de estudio

1. ¿Ha producido en ti tu propio Mar Rojo una reacción propensa al pánico? Por favor, explícalo.
2. ¿Qué instrucciones le dio Moisés al pueblo de Dios en Éxodo 14.13?
3. Vuelve a escribir ese versículo en forma particular, como si estuvieses escuchando a Dios decirte esas palabras solo a ti.
4. En tu opinión, ¿qué quiere decir «estar firmes» (versículo 13)? ¿Cómo puedes mejorar tu habilidad para hacerlo en la situación en que te encuentras ahora?

# Sexta regla
# del Mar Rojo

Cuando no sepas qué hacer,
simplemente da el siguiente
paso lógico por fe.

*Entonces Jehová le dijo a Moisés: ¿Por qué clamas a mí? Di a los
hijos de Israel que marchen.*

—Éxodo 14.15

# Día a Día

---

*He descubierto que si nosotros vamos hasta donde podamos, por lo general, Dios abre el resto del camino.*

—ISOBEL KUHN

Años atrás un pastor anglicano inglés, joven sincero y sensato, luchaba con un conflicto emocional y espiritual que no podía resolver, tal es así que a la edad de treinta años dicha situación perjudicó su salud. Para descansar viajó a Italia, pero mientras estuvo allí contrajo una fiebre que lo mandó a la cama; cuando por fin pudo viajar nuevamente reservó un pasaje en un barco velero, pero estando en medio del Mediterráneo los vientos cesaron y el barco dejó de moverse por varios días. Desalentado, el joven ya no aguantaba más, a solas en su cabina, luchó con Dios con todas sus fuerzas hasta ganar la victoria en su corazón; a raíz de esa experiencia John Henry Newman escribió uno de los himnos más famosos del idioma inglés («Lead, Kindly Light!»):

> Guíame oh Luz divina,
> en medio de la penumbra envolvente,
> Sé tú mi guía;
> Oscura es la noche, y lejos estoy del hogar,
> Sé tú mi guía;
> Sostén mis pies;
> No pido ver

El futuro distante;
Un paso es todo lo que necesito.

Los israelitas no podían ver lo que había a la distancia cuando se encontraban en las desesperantes orillas del Mar Rojo; no tenían binoculares para poder ver a Canaán ni al otro lado de la orilla, pero el Señor les dio un plan sencillo: *dile a los hijos de Israel que avancen.* El expositor del siglo diecinueve, C. H. Mackintosh, tenía la convicción de que el Mar Rojo no se dividió todo al mismo tiempo, sino que se abrió progresivamente a medida que Israel avanzaba, de modo que tenían que confiar en Dios a cada paso. Mackintosh escribió: «Cuando Dios guía, no te da dos pasos a la vez; yo debo dar uno y luego él me ilumina para dar el siguiente. Así el corazón se mantiene en dependencia permanente de Dios».[1]

Es muy claro ver, que por lo general, Dios guía a sus hijos paso a paso, provee para nosotros día a día, y cuida de nosotros momento a momento:

«La columna de nube los guiaba *día tras día*». (Nehemías 9.19, énfasis añadido, traducción libre)

«Pero *cada día* el Señor derrama su amor inagotable sobre mí». (Salmos 42.8, NTV, énfasis añadido)

«Y como el rocío que nace de la aurora, tu juventud se renueva de *día en día*». (Salmos 110.3, DHH, énfasis añadido)

«Danos *cada día* nuestro pan cotidiano». (Lucas 11.3, NVI, énfasis añadido) [Y danos también nuestro trabajo de cada día, nuestros planes de cada día, nuestras oportunidades de cada día.]

«Bendito sea el Señor, nuestro Dios y Salvador, que *día tras día* lleva nuestras cargas». (Salmos 68.19, DHH, énfasis añadido)

«Los levitas y los sacerdotes alababan al Señor *día tras día*, cantando al Señor con instrumentos resonantes». (2 Crónicas 30.21, NBLH, énfasis añadido)

«Por tanto, no desmayamos; antes aunque este nuestro hombre exterior se va desgastando, el interior no obstante se renueva *de día en día*» (2 Corintios 4.16, énfasis añadido).

En mi primer año en la universidad no me sentí satisfecho con la escuela a la que estaba asistiendo, así que oré pidiendo dirección. Después sentí en mi corazón que debería asistir a Columbia International University y así lo hice; mientras estuve allí, no tenía ni idea de cuál sería mi vocación, pero después de haber orado y de haber buscado consejo sabio, decidí asistir a la escuela de postgrado. Fui a New England, cuando se abrió una oportunidad de viajar predicando y compartiendo en las iglesias, durante un verano. Una noche, en un campamento en algún lugar de Vermont, metí una canoa en el lago y remé a la luz de la luna, orando y buscando la dirección del Señor. Esa noche el Señor me susurró al oído que me quería en el ministerio pastoral.

Después que Katrina y yo nos casamos, una docena de iglesias nos entrevistaron, pero ninguna nos ofreció un puesto, así que conseguí trabajo temporal en Sears; después de un tiempo, una linda iglesia pequeña nos contrató, y años después lo hizo una iglesia en Nashville, Tennessee, donde hemos estado por más de treinta y cinco años.

En los momentos en que no he sabido qué hacer, he tratado de hacer lo que sigue; es decir, dar el siguiente paso lógico por fe; he llegado a la conclusión de que en lo que se refiere a la voluntad de Dios, es mejor caminar lentamente que pasar tiempo planeando qué hacer. He encontrado aliento en las palabras de este preciado himno:

Oh mi Dios, yo encuentro cada día
Tu poder en todo sinsabor;

Por la fe en tu sabiduría
Libre soy de pena y temor.
(*«Oh mi Dios, yo encuentro cada día», por Karolina W.*
*Sandell-Berg, traducido por A. L. Skoog y Samuel Libert*)

Y tampoco tú, en las pisadas de Jesús.

# Paso a paso

*¡Vale la pena dar un paso a la vez con Dios!*

—Isobel Kuhn

Cansado, después de varias noches en vela, me senté para descubrir qué era lo que me estaba molestando; anoté cuatro problemas, y me di cuenta de que la indecisión me había paralizado. Ninguno de mis dilemas tenía una solución sencilla, así que los había dejado de lado sin tratar con ellos, pero después de ponerlos por escrito me hice una pregunta sencilla acerca de cada uno de ellos: «¿Qué paso pequeño puedo dar en este momento para ir enfrentando este asunto?».

Uno de ellos requería que hiciera una llamada telefónica; con otro, tenía que tomar una decisión; el tercero requería que conversara con alguien; y el cuarto demandaba que revisara mi calendario. No podía abordar la totalidad de cada problema de una sola vez, pero al descubrir cuál era el siguiente paso a dar en cada asunto pude salir de ese meollo.

Mi hija y mi yerno están haciendo lo mismo con sus finanzas; como muchas parejas jóvenes, comenzaron su vida matrimonial con muchas deudas; en la actualidad han cortado sus tarjetas de crédito, han reducido sus gastos y han comenzado a pagar sus cuentas, empezando con la más pequeña. Paso a paso están ganando terreno en su deseo de hallar seguridad financiera.

No estamos seguros de lo que va a pasar de aquí a un año; pero si nos ponemos a pensar, el siguiente paso que debemos dar es más o

menos obvio; así que, cuando te enfrentes con cualquier problema
molesto, decide dar el siguiente paso lógico por fe en oración.

Dale Carnegie inicia su famoso libro *Como suprimir preocupaciones y disfrutar de la vida,* publicado en 1997 (en inglés, en 1940),
describiendo a un estudiante de medicina que estaba muy ansioso
por el futuro: su graduación, establecerse y cómo ganarse la vida;
estaba a punto de sufrir un ataque de nervios. Pero un día en la pri-
mavera de 1871, leyó veintidós palabras de los escritos de Thomas
Carlyle que cambiaron su forma de pensar; con el tiempo, ese joven
llegó a ser el médico más famoso de su época. Organizó la Escuela de
Medicina Johns Hopkins y se convirtió en Profesor Emérito de
Medicina en Oxford. Fue hecho caballero por el Rey de Inglaterra, y
fue el personaje principal de muchas biografías.

Su nombre es Sir William Osler, y estas son las palabras que él
leyó: «Lo principal para nosotros es no ver lo que se halla vagamente
a lo lejos, sino [hacer] lo que está claramente a mano».[2]

Jesús nos enseñó en el Sermón del Monte: «Así que, no os afanéis
por el día de mañana, porque el día de mañana traerá su propio afán.
Basta a cada día su propio mal» (Mateo 6.34).

Hay un lindo versículo en Génesis 24, dicho por el siervo de
Abraham, Eliezer, cuando estaba camino a Mesopotamia para
encontrar una novia para Isaac. Cuando llegó a su destino, encontró
a Rebeca y le explicó su misión a su familia. En Génesis 24.27 (DHH)
encontramos esta frase reveladora: «[El Señor] me ha dirigido en el
camino».

Cuando los comunistas invadieron China, la misionera Isobel
Kuhn escapó a pie con su hijito Danny, por el peligroso Pinma Pass
que estaba cubierto de nieve; finalmente llegó a Myitkyina en Bur-
ma, pero ahí estuvo varada «al final del mundo», sin dinero, sin
poder hablar el idioma, y con medio mundo por delante antes de
llegar a su hogar. «No puedo describir el desaliento y el susto que
llenaron mi ser», escribió después.

Pero en medio de su perplejidad tomó dos decisiones, dijo: «Lo
primero es echar fuera el temor». «El único temor que un cristiano

debe contemplar es el temor al pecado. Los demás temores provienen de Satanás para confundirnos y debilitarnos. Con frecuencia el Señor le reiteró a sus discípulos: "¡No teman!"». Así que Isobel se arrodilló y derramó su corazón delante de él. «Rechacé el temor y le pedí que echara fuera esos temores de mi corazón».

Su segunda determinación fue «buscar la guía para el próximo paso». No tenía ni la menor idea de cómo salir de Asia, pero con la ayuda de Dios pudo descubrir qué hacer ese día para proveer alimento y finanzas, para encontrar un lugar donde quedarse, para hallar una manera de comunicarse con el mundo exterior.

Pasado un tiempo, regresó a casa, sana y salva, pero ese fue el resultado de confiar en la guía de Dios en incrementos pequeños, de viajar paso a paso.[3]

Cuando no sepas cual es el siguiente paso a dar, echa fuera el temor y busca la guía para el siguiente paso. Confía en que Dios te va a guiar en incrementos pequeños; si no puedes ver lo que se halla vagamente a lo lejos, haz lo que está claramente a mano.

# Momento a momento

*Era una senda por la cual solo la fe podía caminar y, paso a paso
en fe, caminaron hasta alcanzar la otra orilla.*

—John Richie

No hace mucho leí acerca de una señora cuyo esposo fue asesinado;
cuando le dieron la noticia, casi le da un colapso. Pidió disculpas y se
sentó por un momento para reponerse; hizo una oración sencilla ante el
Señor: «Le pedí que me ayudara a saber qué era lo que tenía que hacer y
que tuviese la calma suficiente para hacerlo».

En 1 Samuel 9, Saúl fue a buscar las asnas de su padre que se
habían perdido, sin imaginar que todo ese viaje había sido orquesta-
do por Dios para guiar a ese adolescente hasta el profeta Samuel.
Cuando por fin se encontraron, Samuel ungió a Saúl como rey de
Israel y le dijo algo así: «Cuando salgas de aquí, *esto* va a suceder, y
*aquello* va a ocurrir, y además *algo más* va a suceder. Estas cosas se
desarrollarán poco a poco ante ti como señales, paso a paso».

Como leemos en el versículo 7 del capítulo 10: «Y cuando hayan
sucedido estas señales, haz lo que te viniere a la mano, porque Dios
está contigo».

O como lo dice la Biblia Dios Habla Hoy: «Cuando te ocurran
estas cosas, haz lo que creas conveniente, que Dios te ayudará».

Básicamente, ese es el mismo plan que Dios usó con los israelitas
en el Mar Rojo. En su momento de mayor confusión, el Mar Rojo se

dividió ante ellos, por lo que dieron su primer paso dudoso en medio de las aguas amontonadas en alto; tocaron con timidez el fondo del mar y descubrieron que era la autopista de su esperanza, una autopista por la cual se tenía que viajar paso a paso, momento a momento.

En el proceso descubrieron la lección que expresa este preciado himno, una verdad hoy tanto para mí como para ti:

Todos mis males los cura Jesús:
Plena salud alcancé por su cruz.
Siempre me tiene presente aquí,
Cada momento se acuerda de mí.
(«*Por mis pecados pagaste, Jesús*», *por Daniel W. Whittle,
traductor desconocido*)

Aunque un pintor famoso se pase trabajando veinte años pintando en acuarela un árbol de manzanas frondoso, desvelarlo lo haría en un solo momento. Pero Dios, que quiere que crezcamos como árboles plantados junto a ríos de agua y que produzcamos fruto en su tiempo, nos hace crecer poquito a poquito, de semilla a brote, a retoño, pasando lluvias, vientos y tormentas. Los días de calor son difíciles, las noches frías son peor aun. Basado en mi experiencia como hijo de un productor de manzanas, puedo decirte que las noches frías son necesarias para cosechar manzanas crocantes. No debemos dudar en la oscuridad lo que Dios nos ha mostrado en la luz; no debemos desmoronarnos cuando nos enfrentamos con la adversidad. Seguir la voluntad de Dios no es un asunto de desvelo sino de desarrollo; aquel que conoce el futuro lejano revela cada paso cercano según sea necesario.

A. T. Pierson escribió: «Ir como se me guíe, ir cuando se me guíe, ir a donde se me guíe, esta ha sido la oración de mi vida por veinte años».

Toma las cosas momento a momento, y cuando no sepas qué hacer, simplemente da el siguiente paso. Confía en que Dios te va a guiar paso a paso.

# Preguntas de estudio

1.  En la quinta regla estudiamos el concepto de estar quietos y esperar en el Señor. La regla número 6 nos dice que avancemos y demos el siguiente paso. ¿Notas alguna contradicción? ¿Por qué?

2.  Por lo general, ¿con cuanta anticipación nos revela Dios su voluntad con nuestras vidas? Basa tu respuesta en versículos como Lucas 11.3 y 2 Corintios 4.16.

3.  ¿Qué nos enseña Proverbios 3.5–6 acerca de la fe y la voluntad de Dios?

4.  ¿Puedes pensar en el siguiente paso que deberías dar en la situación que estás enfrentando? De ser así, escríbelo con una fecha para ponerlo en marcha.

# SÉPTIMA REGLA DEL MAR ROJO

## Visualiza la presencia envolvente de Dios.

*Y el ángel de Dios que iba delante del campamento de Israel, se aparta e iba en pos de ellos; y asimismo la columna de nube que iba delante de ellos se apartó y se puso a sus espaldas, e iba entre el campamento de los egipcios y el campamento de Israel; y era nube y tinieblas para aquellos, y alumbraba a Israel de noche, y toda aquella noche nunca se acercaron los unos a los otros.*

—ÉXODO 14.19–20

# La presencia de Dios en medio de la dificultad

*Porque delante de vosotros irá el Señor, y vuestra retaguardia será el Dios de Israel.*

—Isaías 52.12, LBLA

El Ángel de Dios, que iba delante del campamento de Israel se movió y se puso detrás de ellos. ¿Quién es ese Ángel de Dios que acompañaba a los israelitas en Éxodo 14? El capítulo anterior nos dice: «Y Jehová iba delante de ellos de día en una columna de nube [...] y de noche en una columna de fuego» (Éxodo 13.21). Más adelante el profeta Isaías explica que el «Ángel de su presencia» salvó a los israelitas (Isaías 63.9, LBLA).

En el lenguaje teológico, la columna de fuego y la nube era una teofanía o una cristofanía, una aparición única en el Antiguo Testamento de Dios mismo, específicamente del Hijo de Dios, la segunda persona de la Trinidad, que manifiesta la presencia del Padre (Juan 1.18).

Es decir, fue el Señor mismo quien hizo pasar a los israelitas por el Mar Rojo. «Y el ángel de Dios que iba delante del campamento de Israel, se apartó e iba en pos de ellos [...] e iba entre el campamento de los egipcios y el campamento de Israel; y era nube y tinieblas para aquellos, y alumbraba a Israel de noche, y en toda aquella noche nunca se acercaron los unos a los otros» (Éxodo 14.19–20).

Qué descripción tan perfecta de nuestro Señor Jesucristo, que da luz a los que confían en él, pero total oscuridad a los que lo rechazan. Consuela a uno y confunde al otro, es Salvador para uno y Juez para otro.

Para sus hijos es tanto Guía como Guardia, él nos precede y nos protege. Él es simultáneamente nuestro pastor y nuestro escudo, es Alfa y Omega, principio y fin, el que va delante de nosotros guiándonos hacia nuestro futuro, y el que va detrás, recogiendo nuestros escombros, nuestros fracasos y nuestros tristes intentos en el ministerio; nos bendice y deja bendición para otros.

Considera lo que dijo el salmista:

Por detrás y por delante me has cercado,
y tu mano pusiste sobre mí.
Tal conocimiento es demasiado maravilloso para mí;
es muy elevado, no lo puedo alcanzar. (Salmos 139.5–6, LBLA)

Como Jerusalén tiene montes alrededor de ella,
así Jehová está alrededor de su pueblo
desde ahora y por siempre. (Salmos 125.2)

Dios rodea a su pueblo con favor «como con un escudo» (Salmos 5.12). Dios rodea a su pueblo con «cánticos de liberación»; la misericordia rodea a aquellos que confían en el Señor (Salmos 32.7, 10). Hacemos esta oración igual que el salmista: «Que tu amor inagotable nos rodee Señor, porque solo en ti está puesta nuestra esperanza» (Salmos 33.22, NTV).

Cuando estaban junto al Mar Rojo, Dios puso a su pueblo en una situación en la que su presencia no había sido tan real como hasta ese momento; usó la dificultad para cultivar en ellos un aprecio por él como nunca antes. Un comentador escribió: «La presencia de Dios *en medio de* la prueba es mucho mejor que estar *exento de* la prueba. No hay momento más dulce de la presencia de Dios como en los momentos de dificultades desastrosas».[1]

Cuando te encuentres entre la espada y el mar, recuerda que los momentos difíciles nos hacen más sensibles para percibir la cercanía de Dios. Él está más cerca de nosotros cuando estamos tan débiles que acudimos corriendo desesperados a su aposento, donde descubrimos que él es «nuestro pronto auxilio en medio de la tribulación» (Salmos 46.1).

Visualiza su presencia envolvente y aprende a decir: «No temeré mal alguno porque tú *estás* conmigo», aun en los valles oscuros y cerca de mares hostiles.

# Cuatro sugerencias

*Él es el primero y él es el último, y nosotros estamos en el medio,*
*como en los enormes brazos del amor eterno.*

—AMY CARMICHAEL[2]

Después que falleció mi padre, daba lástima ver a mi madre batallar con la soledad, y nadie la podía ayudar; su gran casa en las montañas parecía desierta, atormentada con los recuerdos de una presencia invisible y una voz apagada. Sin embargo, era una mujer fuerte con una determinación muy especial; a medida que pasó el tiempo ella descubrió algunos beneficios de vivir sola, tal como la presencia de Dios.

Después de un tiempo me dijo: «Me he adaptado muy bien a la soltería, nunca antes había estado tan segura de que *no* estoy sola. El Señor y yo caminamos juntos todo el día. Cuando me levanto en la mañana, él está esperándome para saludarme y cuando me acuesto por la noche, él se queda despierto y cuida de mí».

Aunque mi madre era una cristiana de toda la vida, sus últimos años fueron marcados por un nuevo amor por las Escrituras, una vida ministrando a otros, una vida de oración profunda, y un crecimiento rápido en alabanza y adoración.

¿Cómo puedes llegar a dominar la práctica de la presencia de Dios? Primero, *afirma* su *cercanía en tu corazón*. Eso es lo que el salmista estaba haciendo cuando exclamó en Salmos 139.5–6: «Delante y detrás tú me has rodeado [...] tal conocimiento es demasiado maravilloso».

Por toda la Biblia vemos que el pueblo de Dios afirma esta realidad en sus corazones. Tú también puedes acordarte instantáneamente de la presencia de Dios en cada situación si memorizas y te apropias de estos versículos:

- El Señor está cerca. No se inquieten por nada (Filipenses 4.5–6, NVI).
- No temas porque yo estoy contigo (Isaías 41.10).
- He aquí, yo estoy contigo, y te guardaré por dondequiera que fueres. (Génesis 28.15).
- Habla y no calles; porque yo estoy contigo. (Hechos 18.9–10).
- No te desampararé, ni te dejaré. (Hebreos 13.5).

El consejo de un místico de la antigüedad era que si con frecuencia nos recordábamos a nosotros mismos la presencia permanente del Señor, y la procurábamos con diligencia, con el tiempo dicha práctica se convertiría en algo natural.

Segundo, *visualiza la presencia de Dios en tu mente.* Con frecuencia cuando oro, miro a una silla que está cerca de mí y hablo con Dios como si estuviera sentado ahí; le hablo naturalmente como lo hago con un amigo. No se trata de proyectar una imagen imaginaria de Dios y fingir que está ahí; sino de reconocer que la presencia de Dios *realmente está* ahí.

Una de mis hijas me dijo que a veces se queda dormida visualizando que el Señor la tiene en sus brazos, como cuando yo la abrazaba en la silla mecedora cuando era pequeña. Los escritores bíblicos usaron este tipo de visualización; por ejemplo, leemos en Deuteronomio 33.27: «El eterno Dios es tu refugio, y acá abajo los brazos eternos». El salmista dijo: «El Señor es mi pastor; nada me faltará». Jesús habló de juntarnos bajo sus alas como la gallina junta a sus polluelos; David visualizó a Dios como la roca de refugio a la cual podía recurrir continuamente; Isaías habló de ser levantados en alas como las águilas. Cuando Pablo se enfrentó al tribunal romano, dijo: «En mi primera defensa ninguno estuvo a mi lado, sino que todos me

desampararon [...] Pero el Señor estuvo a mi lado, y me dio fuerzas»
(2 Timoteo 4.16–17). Él se imaginó a Dios parado a su lado en la sala
del tribunal como un defensor poderoso y un amigo impávido.

El hecho de visualizar la presencia de Dios no solamente nos
otorga bienestar sino que también refrena las tendencias pecamino-
sas. El otro día conversaba con un nuevo convertido que me dijo que
estudiaba su Biblia, oraba cada día, compartía su fe con otros; pero
que tenía un problema, de vez en cuando una mala palabra salía
volando de su boca como un eructo repentino.

—Bueno —le dije—, dame un ejemplo, di algunas malas palabras ahora mismo.

—Oh, no —me dijo avergonzado—, no podría hacer eso.

—Seguro que sí puedes —le respondí—. Anda, suéltalo.

—¡No!

Cuando le pregunté por qué no, me respondió:

—Tú eres mi pastor, no puedo decir palabrotas delante de ti.

—Bueno —le dije—: si te avergüenza maldecir en mi presencia,
¿por qué no tienes vergüenza de maldecir en la presencia del Señor?
Él siempre está contigo.

El joven entendió lo que le quise decir. La realidad de la presencia de Dios nos consuela y refrena nuestro comportamiento.

Tercero, *acércate a Dios a través de la oración*. Hace poco, durante
mi devocional me topé con Santiago 4.8: «Acercaos a Dios».

¿Cómo? Me pregunté. La concordancia me llevó a Deuteronomio 4.7, donde encontré la respuesta: «¿Qué otra nación hay tan
grande como la nuestra? ¿Qué nación tiene dioses tan cerca de ella
como lo está de nosotros el Señor nuestro Dios *cada vez que lo invo-
camos*?» (NVI, énfasis añadido).

La mejor manera de desarrollar una conciencia permanente de la
presencia de Dios es hablar con él a menudo en oración; la oración es
el ambiente en el cual nos conectamos con Dios con más solidez y de
manera íntima. Quizás no siempre *sintamos* su presencia en un sentido emocional, pero *por fe* entramos en su presencia en un sentido
vital espiritual.

Cuando le preguntaron a Dwight Moody cómo era que podía tener una relación tan íntima con Cristo, su respuesta fue: «No hay problema en mi vida, no hay duda alguna por la que yo no le hable a él tan naturalmente como a alguien aquí en este ambiente, y lo he hecho por años porque puedo poner mi confianza en Jesús».

Cuarto, *que su presencia se refleje en tu conducta*. Nicholas Herman nació en Lorraine, Francia, en 1605; llegó a la adolescencia al inicio de la Guerra de los Treinta años, en la cual luchó por el ejército francés; fue gravemente herido, por lo que caminó con gran dificultad el resto de su vida. Se convirtió a la edad de dieciocho años y trabajó como asistente de un oficial en el Ministerio de Economía y Finanzas francés.

Pasaron varias décadas y, a los cincuenta años de edad, Nicholas se unió a un monasterio Carmelita en París, con el deseo de tener una vida espiritual más abundante; pero lo mandaron a trabajar en la cocina, labor que le pareció ofensiva y humillante. Por años hizo su tarea de mala gana, aunque sumisamente.

Un día, Nicholas decidió cambiar su forma de pensar; comenzó a recordarse con frecuencia que la presencia de Dios estaba sobre él constantemente. Pensó que aun las labores más insignificantes, si se emprendían para la gloria de Dios, eran santas; y que dondequiera que el cristiano estuviera parado, aunque fuese en una cocina desagradecida y en la que haga mucho calor, es tierra santa, porque ahí también está el Señor.

Poco a poco el semblante y la conducta de Nicholas comenzaron a cambiar, tanto que otros comenzaron a preguntarle cuál era la razón por la que estaba radiante. Los líderes cristianos buscaban estar con él y valoraban sus consejos. Un hombre, el abad de Beaufort quedó muy impresionado; se reunieron cuatro veces e intercambiaron quince cartas para poder hablar del caminar de Nicholas con Dios. Este abad anotó las conversaciones y guardó las cartas, luego las puso en el libro llamado *La práctica de la presencia de Dios*, publicado originalmente a mediados del siglo XVI, atribuido al «Hermano Lorenzo», nombre con el cual se le conocía a Nicholas en el monasterio.

La columna de fuego y nube seguía a los israelitas a través del desierto, luego desapareció cuando entraron a la tierra prometida; pero en realidad no fue así. Más adelante se le vuelve a ver en las nubes gloriosas que llenaron el templo de Salomón, y en la bola de fuego que llenó el aposento alto en el día de Pentecostés. La misma presencia reside en y alrededor de cada cristiano hoy, en todo lugar y a cada momento; no te enfrentas con tu situación difícil solo, porque el Señor está más cerca de ti que un amigo o un hermano. Visualiza su presencia envolvente ahora mismo.

# Preguntas de estudio

1. En base a Isaías 57.15, ¿dónde vive Dios?
2. Según pasajes como Salmos 73.28 e Isaías 41.10, ¿cuál es el beneficio de saber que Dios está cerca?
3. Si supieras que Jesús está literalmente parado a tu lado en este mismo momento, ¿te sentirías diferente en relación a tu actual problema tipo Mar Rojo?
4. ¿Cuáles serían algunas maneras útiles en las que podrías «practicar la presencia» de Dios?

# OCTAVA REGLA
# DEL MAR ROJO

---

## Confía en que Dios hará
## las cosas a su manera.

*Y extendió Moisés su mano sobre el mar, e hizo Jehová que el mar se retirase por recio viento oriental toda aquella noche; y volvió el mar en seco, y las aguas quedaron divididas. Entonces los hijos de Israel entraron por en medio del mar, en seco, teniendo las aguas como muro a su derecha y a su izquierda.*

—ÉXODO 14.21–22

# Las maneras milagrosas de Dios

*Vino un viento recio como una cuña, dividió y abrió el mar ampliamente, justo por el centro.*

—B. H. CARROLL[1]

Con un suspenso insoportable, petrificados y en silencio, los israelitas observaron al anciano levantar su vara ante ese mar que obstaculizaba el paso. De repente vino un viento recio del oriente como una ráfaga del cielo, halando la ropa y la barba de la multitud que en su mayoría era escéptica. Observaban boquiabiertos cómo la corriente de aire descendiente se intensificaba, golpeaba el agua y lentamente se abría camino a través del mar. Las olas aumentaron en espuma y en furia dando lugar a paredes translúcidas que se convirtieron en una avenida para ellos y luego una emboscada para sus enemigos. Una puerta para unos y un cementerio para los otros.

Esta es la lección objetiva más dramática del Antiguo Testamento, uno de los milagros más grandiosos de Dios; la sencilla lección es esta: confía en que él hará las cosas a su manera, única y especial; esa es su especialidad.

Porque Jehová tu Dios anda en medio de tu campamento, para librarte. (Deuteronomio 23.14)

Muchas son las aflicciones del justo, pero de todas ellas le librará Jehová. (Salmos 34.19)

En seis tribulaciones te librará, y en la séptima no te tocará el mal. (Job 5.19)

Sabe el Señor librar de tentación a los piadosos. (2 Pedro 2.9)

[Cristo] se dio a sí mismo por nuestros pecados para librarnos del presente siglo malo. (Gálatas 1.4)

Invócame en el día de la angustia; te libraré, y tú me honrarás. (Salmos 50.15)

El Señor me librará de toda obra mala, y me preservará para su reino celestial. A él sea gloria por los siglos de los siglos. (2 Timoteo 4.18)

¿Aún libera él? ¿Libera de los problemas financieros? ¿De los conflictos matrimoniales? ¿De la confusión emocional? ¿Del daño y el peligro? ¿De los hábitos autodestructivos? ¿De la enfermedad?

Definitivamente que sí; pero tenemos que tener en cuenta la perspectiva de Dios en cuanto a la liberación, porque él no ve siempre las cosas de la misma manera en que nosotros las vemos. Él nos advierte en Isaías 55.8: «Porque mis pensamientos no son vuestros pensamientos». Debemos ver la liberación de Dios a través de la verdad bíblica, no a través de reacciones emocionales, estándares humanos, ni aun a través del sentido común.

Dios va a librar a sus hijos de toda obra del mal, de cada problema y peligro, de la tribulación y aun de la misma muerte; pero en el cielo no hay moldes establecidos. Dios no tiene una solución estándar y de talla única para todos nuestros problemas; él trata con cada situación como si fuera única y especial, y tiene diseñada una liberación hecha a la medida para cada prueba y problema.

¿Todavía parte Dios los mares? ¿Existen los milagros? ¿Milagros de verdad?

Sí, cuando él así lo decide. A continuación veamos algunos ejemplos:

Se cuenta que Christin Claypool, de la congregación Kirby Free Will Baptist Church en Detroit, fue a Cuba en un viaje misionero. A fin de pasar de contrabando unas Biblias en español para una comunidad cristiana en ese país, Christin se puso varias capas de ropa para conservar espacio en su maleta para el contrabando; pero su apariencia llamó la atención a los agentes de seguridad de cada aeropuerto por el que pasaba. Por eso tuvo que abrir su maleta en la ciudad donde se embarcó y luego en las Bahamas.

Cuando llegó a Cuba se asustó cuando la seleccionaron y le ordenaron que abriera su maleta; el cierre no se movía, y solo pudo abrirlo unos cuantos centímetros; trató y trató hasta que finalmente el oficial se impacientó y trató él mismo de abrir la maleta. A pesar de todo el esfuerzo el cierre no se movió. Christin estaba sorprendida, ya que era una maleta nueva y ya la había abierto varias veces. El oficial, exasperado, empujó la maleta hacia ella y le dijo que se fuera.

Al llegar al hotel, Christin buscó un cuchillo para poder abrir su equipaje, pero cuando haló el cierre, este se abrió fácilmente. Así que repartieron las Biblias como se había planeado.

Otro milagro moderno se dio en los inicios de la historia de Pacific Garden Mission [Misión Jardín del Pacífico] en Chicago, establecida en 1880, cuando George y Sarah Clarke, una linda pareja cristiana, alquiló una cantina de mala fama que se llamaba Pacific Beer Garden. Le quitaron la palabra *Beer*, que significa cerveza, y le pusieron la palabra *Mission*, que significa misión, y comenzaron su ministerio con hombres y mujeres oprimidos.

El coronel y la señora Clarke pagaron todos los gastos de la obra en los primeros años, pero el crecimiento del ministerio agotó todos los fondos; llegó un momento en que no podían pagar el alquiler y el coronel Clarke tenía solo veinticuatro horas para hacer un pago, de lo contrario perderían el arrendamiento.

El coronel y la señora Clarke oraron toda la noche, recordándole al Señor los desafortunados cuyas vidas eran rescatadas. Al amanecer, cuando salieron de su casa, se quedaron atónitos; su jardín estaba cubierto totalmente de blanco. Al mirar de cerca se dieron cuenta de que su jardín estaba cubierto con unos champiñones raros de alta calidad, aunque no era la temporada de los champiñones.

Los Clarke juntaron la cosecha y llevaron los champiñones a la Casa Palmer, y los vendieron a los chefs; la ganancia fue suficiente para pagar el alquiler. Años después, cuando «mamá» Clarke hizo un comentario acerca de esa experiencia, dijo: «Nunca antes se habían visto champiñones allí, y nunca más se han vuelto a ver».[2]

En su biografía Go Home and Tell [Ve a casa y cuenta la historia], Bertha Smith relata acerca de sus viajes en calesa para ir a una aldea primitiva en China y dedicar varios días a la evangelización; sus condiciones de vida eran sórdidas pues compartía un establo con un buey y un enjambre de moscas.

Su oración era: «Señor, soy una de tus hijas consentidas, toda mi vida he estado acostumbrada a una casa con comida limpia y con mosquiteros, se me hace difícil comer con todas estas moscas parándose en mi comida. En Egipto, diste la orden, y las moscas aparecieron y desaparecieron; tú eres el mismo hoy... Haz una de dos cosas por favor: llévate a esas moscas o ayúdame a poder comer sin prestarles atención; tú puedes encargarte de cualquier enfermedad que las moscas puedan poner en mi cuerpo... ¡Aceptaré lo que desees hacer!».[3]

¿Cómo crees que respondió Dios?

Bertha escribió: «¡Ni una mosca entró en el establo los cinco días restantes que estuve ahí testificando y enseñando! Creo que estarán de acuerdo conmigo en que ese fue un milagro».[4] Esa fue verdaderamente una «zona prohibida al vuelo».

Dios puede trabar cierres, hacer que crezcan champiñones, desalojar moscas y trazar un camino en el mar cuando así lo desee. Su brazo no se ha acortado para salvar, ni su oído es sordo para que no pueda oír. Cameron Thompson dijo: «El punto de partida de nuestro Dios es lo imposible, y continúa desde ese punto».[5] Así que, recuerda...

Cuando los hijos de Israel estaban atrapados y asustados
ante la marea amenazadora y el ataque de Faraón,
Jehová dio una orden y Moisés obedeció;
mientras se elevaban oraciones patéticas;
mientras que Moisés miraba al rostro pavoroso de Dios;
mientras que el pueblo estaba necesitado de una gracia
	infinita;
los vientos poderosos soplaron y olas violentas se
	precipitaron.
Las aguas del mar se estremecieron y los relámpagos
	refulgieron;
los truenos retumbaron y las olas grandes cayeron
	estrepitosamente;
y cuando salió el sol en ese día terrible,
los hijos de Israel, en medio de la neblina y el rocío,
descubrieron que su Dios les había abierto un camino.
Y muchos cristianos, en los años que han pasado,
a pesar de haber sufrido problemas y temores, cansados y
	acosados,
han descubierto a ese mismo Dios, fuerte, seguro y firme.
*(Robert J. Morgan)*

# Las maneras providenciales de Dios

*Por el contrario, tan pronto como la luz de la providencia de Dios se refleja en el alma fiel, no solamente se ve ésta libre y exenta de aquel temor que antes la atormentaba, sino incluso de todo cuidado.*

—Juan Calvino[6]

Aunque todavía hay milagros, Dios los usa con moderación. Aun en las Escrituras los milagros no eran algo normal en la forma de obrar de Dios; muchas personas piensan que la Biblia está repleta de milagros, pero no es así. Solo en algunos períodos bíblicos hubo algunas señales y maravillas; durante el Éxodo; durante el ministerio de Elías y Eliseo; durante la vida de Cristo; y en los inicios de los días de los discípulos.

En la mayor parte de la Biblia, Dios ayudó a su pueblo en maneras comunes y providenciales más que en modos notablemente sobrenaturales; y lo mismo sucede hoy. Esta es la razón por la cual los cristianos maduros prestan atención a los accidentes, el infortunio y las coincidencias que les suceden. Pero en realidad esas cosas no existen, sino que es el orden providencial de un Dios que cuida de sus hijos que oran y confían en él; cuya mano invisible guía, guarda, arregla y acomoda las circunstancias.

El año pasado nuestro pastor de jóvenes, Mike Hollifield, y yo viajamos por Suecia para enseñar en la Escuela Bíblica en Holsby Brunn. Cuando salimos de Nashville, la agente de la aerolínea miró nuestros boletos con preocupación, y nos dijo: «Aquí hay un error, voy a corregirlo, de lo contrario podrían tener problemas para regresar». Después de hacer algo en la computadora por algunos minutos, nos entregó nuestros boletos, y con una sonrisa nos deseó un buen viaje.

Dos semanas después, cuando tratamos de volver a casa, nos enteramos que sin querer ella había cancelado nuestros vuelos hacia el oeste; nuestros nombres no aparecían en las computadoras, por lo que nuestros boletos no tenían ningún valor. Finalmente, después de pasar horas negociando y de esperar ansiosamente nos hicieron un espacio en un vuelo que estaba sobrevendido y nos dieron el asiento menos deseado que la aerolínea le hubiera podido dar a alguien; el resultado fue que Mike terminó sentándose al lado de un hombre de negocios que estaba totalmente dispuesto a escuchar el evangelio; y por seis largas horas transatlánticas, Mike le habló con calma y le testificó acerca de su vida, y cómo Jesucristo podría transformarle.

No se trataba de un ejemplo de la incompetencia de una aerolínea, era un caso de la providencia divina.

Hace unos años, nuestra hija nos llamó de Columbia International University (Universidad Internacional de Columbia), para decirnos que quería transferirse a la University of Tennessee (Universidad de Tennessee), pero que no quería vivir en las habitaciones de la universidad, y quería saber si nosotros podríamos ir a Knoxville y buscarle un apartamento cercano al recinto.

Aunque Katrina y yo no estábamos muy seguros acerca de esa idea, aceptamos nuestra tarea estoicamente. Cuando llegamos a Knoxville no teníamos ni la menor idea en cuanto a dónde buscar. Nuestro corazón decayó mientras manejábamos por las calles aledañas al campus; muchos edificios tenían carteles que decían: SE ALQUILAN HABITACIONES, pero estaban en malas condiciones. No quería que Hannah viviese en ninguno de ellos, así que ni averiguamos.

Nos detuvimos al borde de la calle e inclinamos nuestras cabezas para orar; como había estado estudiando el libro de Génesis, mi oración fue la siguiente: «Señor, en Génesis 24, cuando el siervo de Abraham estaba en una misión, pidió que un ángel lo guiara; ahora te pido por favor, que mandes el mismo ángel, o uno como él, para guiarnos a un apartamento seguro y de nuestro agrado para nuestra hija».

Entramos a la calle nuevamente y dimos la vuelta, inmediatamente vimos una mansión de ladrillos, limpia y bien cuidada; la placa que estaba a un lado decía que era un lugar histórico. La entrada tenía un arco que se abría hacia una plaza que tenía una fuente de agua. «Parece un edificio de apartamentos», le dije a Katrina, «voy a ver».

Ella me respondió: «No pierdas tu tiempo, está fuera de nuestro alcance».

De todos modos indagué; entré por el patio y me encontré con una anciana, que tenía en su mano su cartera y las llaves de su carro; me miró sospechosamente; era la administradora, y me dijo que los apartamentos eran más que todo para estudiantes de postgrado y profesionales. «Nos gusta la tranquilidad. Nada de fiestas. No aceptamos estudiantes universitarios».

A medida que conversábamos se puso más amable; después de un rato confesó que tenía un apartamento pequeño disponible y que se lo alquilaría a Hannah, «si me cae bien cuando la conozca». Cuando me dijo el precio, tuve que esconder la sonrisa; costaba menos que las pensiones de mala muerte que estaban a la vuelta. Hannah todavía está alojada y segura en ese apartamento. Estoy convencido de que Dios mandó a un ángel para que nos guiara.

Cuando su providencia se despliega, las cargas se convierten en bendiciones, las lágrimas nos llevan al triunfo, y la gracia de Dios vence las contracorrientes de la vida en las experiencias de sus hijos.

Con razón que Charles Spurgeon dijo en una ocasión: «Creemos en la providencia de Dios, aunque no creemos ni en la mitad de ella».[7]

# Las misteriosas maneras de Dios

*Dios escribe en algunos de nuestros días: «Luego te explico».*

—VANCE HAVNER

También hay liberaciones milagrosas de Dios. En el «capítulo de fe» de la Biblia (Hebreos 11), después de mencionar algunos escapes milagrosos y providenciales del pueblo de Dios, repentinamente el escritor cambia el tono de su relato:

> Otros fueron atormentados, no aceptando el rescate, a fin de obtener mejor resurrección. Otros experimentaron vituperios y azotes, y a más de esto prisiones y cárceles. Fueron apedreados, aserrados, puestos a prueba, muertos a filo de espada; anduvieron de acá para allá cubiertos de pieles de ovejas y de cabras, pobres, angustiados, maltratados; de los cuales el mundo no era digno. (vv. 35–38)

Si Dios no libera francamente (por medio de un milagro) o en forma encubierta (providencial), lo hará misteriosamente; a un nivel de intervención más profundo del que nosotros podamos discernir; aunque por un tiempo nos quedemos perplejos, será lo mejor para nosotros.

En su última carta, el apóstol Pablo se jacta y dice: «El Señor me librará de toda obra mala, y me preservará para su reino celestial».

Sin embargo, unos días después lo decapitaron, pusieron su cuerpo a un lado; y después de ponerlo en la tumba lanzaron su cabeza ahí también. En realidad, ¿fue liberado?

Sí, fue arrebatado del mal que lo rodeaba, alejado de las lágrimas, del dolor, del estrés y de la enfermedad; fue puesto en un lugar donde Satanás no lo puede acosar más, y está en la presencia del Señor, «que es mucho mejor».

Cuando el evangelista Vance Havner, de Carolina del Norte, perdió a su esposa a causa de una enfermedad, no había forma de consolarlo; a raíz de esa experiencia escribió:

> Cuando estemos delante del trono, completos en él, todos los enigmas y misterios serán fáciles de entender, y entonces veremos el cumplimento de lo que ahora creemos por fe, que todas las cosas obran para bien en su plan eterno. Ya no clamaremos: «¿Por qué, oh Dios?», el «¡Ay!» se convertirá en: «Aleluya», los signos de interrogación serán enderezados y serán signos de exclamación, el lamento se convertirá en canto y el dolor se perderá en medio de la alabanza.[8]

El pasaje de Juan 13.7 —«Respondió Jesús y le dijo: Lo que yo hago, tú no lo comprendes ahora; mas lo entenderás después»—, se convierte en un versículo clave para los cristianos cuando nos encontramos en el remolino de las maneras misteriosas de Dios.

Durante la Guerra de Corea, un humilde siervo cristiano fue separado —por los comunistas— de su familia y nunca más los volvió a ver; el pastor Im estuvo en prisión por muchos años, encerrado en una celda donde solo le daban un plato de una comida sumamente desagradable por día; pero mantuvo su ánimo repitiendo versículos bíblicos, especialmente Juan 13.7: «No entiendes lo que estoy haciendo ahora, pero lo entenderás después» (parafraseado).

Este versículo también ayudó a uno de mis profesores a pasar un período oscuro en su vida; después que su amada esposa Anne falleció a causa de un cáncer, el doctor Anthony Fortosis escribió: «¿Por qué mandó el Señor está prueba tan dolorosa?, ¿por qué se llevó a esta esposa y madre en los comienzos de su ministerio?, ¿por qué? Estoy contento de que su voluntad siempre es buena y aceptable, me basta (Juan 13.7, NVI): "Ahora no entiendes lo que estoy haciendo [...] pero lo entenderás más tarde"».

Según el libro *Living Stories of Famous Hymns* [Historias vivas de himnos famosos] de Ernest Emurian, el poeta inglés que escribió el himno «God Moves in a Mysterious Way» [Dios se mueve en maneras misteriosas], William Cowper, luchó toda su vida con la melancolía. Cowper escribió ese himno después de haber pasado una etapa de depresión que casi lo llevó al suicidio; pidió un coche y le ordenó al chofer que lo llevara al río Ouse, que estaba a pocos kilómetros, donde había planeado quitarse la vida. El chofer, al sentir cuál era el estado de ánimo de su pasajero, dio gracias al cielo cuando se desató una neblina densa en el área donde estaban y, a propósito, perdió el camino en medio de la neblina, subiendo por otro camino y bajando por otro más mientras Cowper se quedó profundamente dormido. Pasaron varias horas en las cuales el chofer dio varias vueltas dando lugar a que su pasajero descansara; luego llevó a Cowper a su casa.

«¿Cómo es que estamos de vuelta en casa?», exclamó Cowper. «Lo siento señor, me perdí en medio de la neblina». Cowper le pagó al chofer, entró a su casa y se puso a pensar en cómo, por la gracia de Dios, su vida se había salvado de la autodestrucción. Esa misma noche en 1774, a la edad de cuarenta y tres años, escribió este himno autobiográfico:[9]

> Dios se mueve de manera misteriosa para hacer sus
> maravillas;
> Pone su pie en el mar y se monta sobre la tormenta.
>
> Tomad nuevo coraje, santos temerosos; las nubes a las que
> tanto temen
> Están llenas de misericordia y se abrirán con bendición sobre
> sus cabezas.

No juzguen al Señor con sus sentidos débiles, pero confíen
que él les dará de su gracia;
Detrás de una providencia que parece un ceño fruncido, se
esconde un rostro sonriente.

La incredulidad ciega, de seguro errará y escudriñará en
vano su obra:
Dios es su propio intérprete, y él hará que las cosas sean bien
claras.

Con seguridad puedes confiar en que él te salvará y te librará de
toda obra maligna; y te preservará porque te quiere en su reino celestial. Él salvará y librará a su manera, única y especial, ya sea milagrosa, providencial o misteriosa; eso es lo que hace por sus hijos. Esa es
su especialidad.

# Preguntas de estudio

1. Haz un resumen de lo que Dios te está enseñando respecto a la liberación y rescate en Salmos 34.10, Salmos 50.12 y 2 Timoteo 4.18.
2. La octava regla indica que Dios nos libera en maneras milagrosas, providenciales y misteriosas. ¿Podrías explicar en manera sencilla la diferencia entre estas tres formas divinas?
3. Basado en Isaías 55.8–9, ¿cómo debemos sentirnos cuando Dios no hace las cosas como nosotros desearíamos?
4. Escribe una oración como un minisermón para ti mismo basado en la octava regla del Mar Rojo.

# Novena regla del Mar Rojo

## Toma tu crisis actual como un instrumento para edificar tu fe para el futuro.

*Así salvó Jehová aquel día a Israel de mano de los egipcios; e Israel vio a los egipcios muertos a la orilla del mar. Y vio Israel aquel grande hecho que Jehová ejecutó contra los egipcios; y el pueblo temió a Jehová, y creyeron a Jehová y a Moisés su siervo.*

—Éxodo 14.30–31

# Máquinas de ejercicios para el alma

*Sé que él me prueba para aumentar mi fe.*

—J. HUDSON TAYLOR[1]

No siempre sabemos por qué Dios permite los problemas, pero sabemos que su intención es usarlos para elevar nuestra madurez y profundizar nuestra fe; las pruebas y los problemas son mancuernas y máquinas de ejercicios para nuestras almas, las cuales desarrollan fuerza y vigor. Éxodo 14 concluye haciendo notar de qué manera los israelitas se beneficiaron de su escape milagroso; esa experiencia fortaleció su fe para enfrentar los retos que estaban por delante. Los israelitas «temieron a Jehová, y creyeron a Jehová y a Moisés su siervo».

Una de las cualidades de la fe es que se puede acumular; la juntamos, la almacenamos; la hacemos crecer y la guardamos para algún momento en el futuro. Nuestra fe se fortalece a través de las diferentes etapas de la vida.

¿Qué es la fe exactamente? No hace mucho en Fort Worth, un hombre armado entró a la congregación Wedgewood Baptist Church durante una concentración juvenil. Entre los que murieron estaba Cassie Griffin, de catorce años de edad. Leí en un relato de su vida que ella coleccionaba estatuillas de ranas, joyas en forma de ranas, chucherías de rana; según sus padres la palabra *FROG*, que es el término *rana* en inglés, resumía su filosofía: Fully Rely On God, que traducido es: Confía Totalmente En Dios.

Esa es una definición acertada de lo que es la fe.

He encontrado otras definiciones en la Biblia; en Lucas 1, cuando la virgen María visitó a su parienta Elisabet, esta clamó: «Dichosa tú que has creído, porque lo que el Señor te ha dicho se cumplirá» (v. 45, NVI). ¡Qué definición tan maravillosa! Fe es creer que lo que el Señor nos ha dicho se llevará a cabo.

En Romanos 4, el apóstol Pablo escribió que Abraham «se reafirmó en su fe y dio gloria a Dios, plenamente convencido de que Dios tenía poder para cumplir lo que había prometido» (vv. 20–21, NVI). Definición similar a la que expresa la versión bíblica: «plenamente convencido de que era también poderoso para hacer todo lo que había prometido».

En medio de una violenta tormenta en Hechos 27, el apóstol Pablo gritó: «Anoche se me apareció un ángel del Dios a quien pertenezco y a quien sirvo, y me dijo: "No tengas miedo, Pablo. Tienes que comparecer ante el emperador; y Dios te ha concedido la vida de todos los que navegan contigo". Así que ¡ánimo, señores! Confío en Dios que sucederá tal y como se me dijo» (vv. 23–25, NVI). Ahí encontramos otra definición de fe bíblica: creer que las cosas van a suceder tal como él nos ha dicho.

Observa otra forma de expresarlo: «Por la fe Abraham, a pesar de su avanzada edad y de que Sara misma era estéril, recibió fuerza para tener hijos, porque consideró fiel al que le había hecho la promesa» (Hebreos 11.11, NVI).

Si juntamos todo, descubrimos que la fe es...

creer que lo que Dios nos ha dicho se cumplirá.
estar totalmente convencidos de que Dios tiene el poder para
    hacer lo que ha prometido.
creer que las cosas sucederán tal como él nos dijo.
considerar fiel al que nos ha dado sus promesas.

Por lo tanto, podemos decir que la *fe es hacer suposiciones razonables*. Cuando nos duchamos, suponemos que habrá agua, de preferencia caliente; cuando comemos nuestro cereal, esperamos que sea saludable y sano; cuando manejamos al trabajo, pasamos por la luz verde y esperamos que el tráfico en la intersección tenga la luz roja.

Cada día de nuestras vidas vivimos por fe en miles de formas; aun el ateo más sincero vive por fe, no solo en su ideología atea sino también en todos los procesos y procedimientos del diario vivir. Dios creó este universo de manera que el principio de fe siempre esté en función.

Para nosotros los cristianos, la fe es hacer suposiciones razonables del cuidado y el control de Dios con nuestras vidas, basado en sus promesas bíblicas. Quizás no entendamos cada circunstancia ni valoremos cada evento; a veces nos encontramos contra el Mar Rojo y perseguidos por los egipcios. Sin embargo, Dios nos ha dado sus promesas; por lo que lo entristecemos cuando dudamos que él puede cumplir su Palabra: «Y levantándose, reprendió al viento, y dijo al mar: Calla, enmudece. Y cesó el viento, y se hizo grande bonanza. Y les dijo: ¿Por qué estáis así amedrentados? ¿Cómo no tenéis fe?» (Marcos 4.39–40).

¿Por qué, entonces? Como lo dice Warren Wiersbe: «Una fe que no se puede poner a prueba es una fe en la cual no se puede confiar».[2]

Después de todo la fe es cuantificable; una persona tiene una fe turboalimentada mientras que la fe de otro se mueve con un solo cilindro. Cuando Jesús caminaba en Palestina, tenía algo así como una visión de rayos X que penetraba los corazones y medía la fe; parecía que le interesaba mucho la fe de aquellos que se cruzaban en su camino, por eso les dijo a varias personas:

De cierto os digo, que ni aun en Israel he hallado tanta fe. (Mateo 8.10)

Oh mujer, grande es tu fe; hágase contigo como quieres. (Mateo 15.28)

¿Por qué teméis hombres de poca fe? (Mateo 8.26)

Hay varios grados de fe y Jesús recompensa en gran manera a aquellos que confían totalmente en él: «Al ver Jesús la fe de ellos, dijo al paralítico: Ten ánimo, hijo: tus pecados te son perdonados» (Mateo 9.2); y «En realidad, sin fe es imposible agradar a Dios, ya que cualquiera que se acerca a Dios tiene que creer que él existe y que recompensa a los que lo buscan» (Hebreos 11.6, NVI).

Años atrás, escuché una prédica del pastor John Bisango de Houston; él describió una ocasión cuando su hija Melodye Jan, que tenía cinco años de edad, le pidió una casa para muñecas. John asintió con la cabeza y le prometió construirle una y continuó leyendo su libro. Al mirar por la ventana vio a Melodye Jan con los brazos llenos de platos y muñecas, yendo y viniendo hasta tener una gran pila de cosas en el jardín. Así que le preguntó a su esposa qué era lo que la niña estaba haciendo.

«Ah, es que tú prometiste construirle una casa de muñecas y ella te creyó, se está alistando para cuando la casa esté lista».

«Inmediatamente eché el libro a un lado, corrí a la maderera para comprar el material y le hice su casa de muñecas a mi pequeña», dijo John. ¿Por qué? Debido a la fe sencilla de esa niña en la promesa que él le había hecho.

El hermano Lorenzo dijo: «La confianza que ponemos en Dios lo honra mucho y hace que su gracia se derrame en abundancia... Cuando [Dios] encuentra una vida impregnada con una fe viva, derrama en ella una abundancia de gracia y favores, donde fluyen como un torrente».[3]

¿Estás varado al pie del Mar Rojo precisamente en estos momentos?

Confía en él.

Al Señor le encanta responder a la fe.

# Cómo edificar la fe

*Esto sucedió, y ha sido escrito, para animar al pueblo de Dios en todas las generaciones, a que confíen en él en medio de los estrechos más grandes.*

—Mathew Henry[4]

*Señor, aumenta nuestra fe.*
*Señor, yo creo; ayuda mi incredulidad.*

Con frecuencia he elevado este tipo de oraciones, aun sabiendo que la fe no es algo que pueda desarrollar cuando yo lo desee; tiene que ser dada por Dios y se desarrolla de acuerdo al proceso que él disponga.

Después de todo, él es un Dios que da crecimiento a todo. En lo físico, cada uno de nosotros comenzamos nuestra vida como un puntito, una célula maravillosa, ya que todas las características de cada persona: sexo, color de ojos, talla de calzado, inteligencia y todo lo demás, está determinado en el momento de la fertilización por el código genético del bebé que se halla en las cuarenta y seis cromosomas en esa célula. Comenzamos microscópicamente y luego crecemos.

La fe es una entidad que crece; la intención de Dios es ayudarnos a crecer espiritualmente, ¿Cómo? Como todo buen maestro, nos otorga la verdad, luego prepara pruebas para revisar y reforzar esa verdad de modo que lleguen a ser experiencias que cambien nuestras vidas.

Como todo buen entrenador, él se sienta con sus jugadores usando el libro de jugadas, que son las Escrituras, nos da información, explica las reglas, revisa las jugadas; luego viene el partido amistoso, las grabaciones en video, las correcciones, más información y otro partido amistoso. Pareciera ser un círculo vicioso, pero en el proceso los jugadores buenos llegan a ser profesionales diestros. La gente buena se convierte en discípulos en crecimiento y la fe pequeña crece hasta llegar a ser una gran fe.

Esa es la manera en que él obró con los hijos de Israel y con los discípulos. Con los israelitas, les dio instrucciones a través de Moisés, luego los llevó al borde del Mar Rojo, luego al desierto donde no había agua. Luego dijo: «Esta es una prueba; veamos cómo aplicas mis promesas a tu problema».

Jesús enseñó a los discípulos en el monte, luego los puso en un bote y los mandó a una tormenta terrible que había sido diseñada para ayudarlos a aplicar la verdad a la vida.

Y lo mismo es con nosotros; en la iglesia escuchamos la Palabra de Dios, y en nuestros tiempos devocionales nos alimentamos con las Escrituras, luego el Señor nos manda una prueba para darnos la oportunidad de poner en práctica sus enseñanzas. A medida que confiemos en él, y pasemos la prueba, nos fortaleceremos para el futuro.

He aquí el principio: nuestra fe crece cuando tomamos la decisión de aplicar las promesas de Dios a los problemas de hoy y usamos esas experiencias para que nos ayuden a madurar para enfrentar los desafíos del mañana; en cierta forma, estamos almacenando fe para los tiempos venideros.

Por eso es que la Biblia está llena de promesas; nunca nos vamos a enfrentar con una situación para la cual Dios no ha provisto un promesa preciosa que nos ayude a pasarla.

El puritano Thomas Watson lo dijo de manera pintoresca, en un sermón que le predicó a su pequeña congregación en Inglaterra el domingo 17 de agosto de 1662:

La fe vive en una promesa. Saque al pez del agua y se muere; saque la fe de una promesa y no puede seguir viviendo. Las promesas son el seno mismo de la consolación. Tal como un niño se fortalece al tomar el pecho, la fe se fortalece tomando del pecho de una promesa [...] Las promesas son los flotadores de la fe que impiden que se ahogue; son la leche materna de la cual se vive un cristiano en tiempos de aflicción. Son la miel al fin del castigo. Abastézcanse de las promesas.[5]

Tengo una amiga que está en una crisis a causa de que su esposo ha recaído y está consumiendo cocaína nuevamente; ella está manejando la situación con aplomo y sabiduría, más que todo gracias a un versículo que el Señor le dio al inicio de esa prueba: 2 Crónicas 20.15, que dice: «No temáis ni os amedrentéis [...] porque no es vuestra la guerra, sino de Dios». Cuando ella se despierta en la noche invadida por el temor, ese versículo le viene a la mente, cuando suena el teléfono en su trabajo, se tensa por un momento, y luego se recuerda a sí misma que Dios está peleando su batalla. Aún no ha llegado al otro lado del Mar Rojo, pero creo que las aguas han comenzado a dividirse.

J. I. Packer manifestó: «En los días en que la Biblia era aceptada universalmente en las iglesias como "la Palabra escrita de Dios", se entendía con claridad que las promesas del Señor contenidas en la Escritura constituían la base adecuada, dada por Dios, para la vida de fe, y que la manera de fortalecer la fe estaba en depositarla en promesas particulares que nos decían algo».[6]

Entonces, la fe es simplemente encontrar y apropiarse de las promesas de Dios en cada situación; y basado en esas promesas, formular suposiciones lógicas, convencidos totalmente de que Dios tiene poder para hacer lo que ha prometido.

Fe, la poderosa fe, ve la promesa
Y pone la vista solo en eso;
Se ríe de las imposibilidades de la vida
Y grita: «¡Se cumplirá!».[7]

# Preguntas de estudio

1. Éxodo 14.31 dice que los israelitas temieron al Señor y pusieron su confianza en él. ¿Qué quiere decir temer al Señor y, en tu opinión, cuál es la relación entre fe y temor?
2. Basado en 2 Corintios 1.8–9, ¿cuál es una de las razones por la que Dios permite las pruebas en nuestras vidas?
3. Dios es el objeto principal de nuestra fe. A medida que estudias Éxodo 14, lees *Las reglas del Mar Rojo* y piensas en tu propia situación, ¿qué estás aprendiendo acerca de él?
4. A la luz de la novena regla del Mar Rojo, ¿qué pasos puedes dar hoy para fortalecer tu fe?

# DÉCIMA REGLA
## DEL MAR ROJO

---

## No dejes de alabarle.

*Entonces cantó Moisés y los hijos de Israel este cántico a Jehová, y dijeron:*

*Cantaré yo a Jehová, porque se ha magnificado grandemente; ha echado en el mar al caballo y al jinete. Jehová es mi fortaleza y mi cántico, y ha sido mi salvación. Este es mi Dios, y lo alabaré; Dios de mi padre, y lo enalteceré.*

—Éxodo 15.1–2

# La perspectiva de la alabanza

*Lávate el rostro cada mañana en un baño de alabanza.*

—CHARLES SPURGEON[1]

Al inicio hubo un silencio sepulcral.

Visualiza lo siguiente: una multitud atónita que mira fijamente a una extensión de agua cuyas olas los había rescatado al salvarlos, y luego los salvó al destruir al enemigo. El terror se acabó, el enemigo desapareció, la noche se acabó; no quedaba más que la quietud al amanecer de un pueblo que estaba paralizado.

Finalmente alguien respiró.

Luego surgió un susurro, un zumbido, el estruendo de un volcán de emociones que estaba a punto de hacer erupción y de convertirse en doxologías resonantes. Alguien gritó: «¡Cantaré a Jehová, porque se ha magnificado grandemente; ha echado en el mar al caballo y al jinete!».

Otra persona dijo a gran voz: «Jehová es mi fortaleza y mi cántico, y ha sido mi salvación».

Y otro cantó: «Este es mi Dios, y lo alabaré; Dios de mi padre, y lo enalteceré». La compuerta de la emoción se rompió y estalló el cántico. La celebración gloriosa de Éxodo 15 es la primera canción que se registra en las Escrituras. Una nación de esclavos que habían sido liberados cantaron, danzaron, aplaudieron, tocaron sus panderetas hasta quedar locamente exhaustos; el rugir de la multitud de voces hacía un eco por todo el desierto y a través de las nubes hasta llegar al cielo.

«¡Cantaré yo a Jehová, porque se ha magnificado grandemente; ha echado en el mar al caballo y al jinete!».

El domingo pasado me paré en la parte posterior de nuestra iglesia y observé mientras cantábamos un popurrí de himnos tradicionales y contemporáneos; muchas de las personas cantaban con una gratitud sincera, pero me molestó ver la cantidad de personas que no se unían a la alabanza. Unos miraban de un lado a otro, otros jugaban con sus pies, otros hablaban en voz baja con sus amigos, y un grupo de tardones buscaban donde sentarse.

Quizás nos haga falta una crisis.

Una de las razones por la cual el Señor nos pone en situaciones difíciles, o permite que estemos ahí, es para darnos la oportunidad de entonar sus alabanzas; él espera nuestra gratitud por sus liberaciones.

Tengo un amigo que sin fallar les manda a sus nietos tarjetas por sus cumpleaños, con dinero dentro de ellas; y cada uno de ellos le mandan una tarjeta de agradecimiento, excepto una nieta. Es una joven muy querida, pero por alguna razón nunca se toma la molestia de agradecerle por su regalo. Él me contó que le hace sentir triste, desilusionado, y le quita las ganas de hacer algo por ella en el futuro. Esa nieta me hace recordar a los hombres a quienes Jesús sanó de la lepra; eran diez leprosos, pero solo uno regresó para expresar su agradecimiento.

En el siglo diecisiete, John Trapp escribió: «Él alquila sus misericordias a cambio de nuestra alabanza, y se alegra con que nosotros nos beneficiemos con ellas para que él pueda recibir la gloria».[2]

Algunos de nuestros grandes himnos en la historia cristiana han surgido en los momentos más oscuros; como por ejemplo el himno alemán «De boca y corazón», escrito por Martin Rinkart (1586–1649, traducido al español por Federico Fliedner [1845–1901]), un pastor luterano en la aldea de Eilenberg, Saxoni, hijo de un humilde artesano del cobre. Comenzó su ministerio durante el terror de la

Guerra de los Treinta Años, cuando enormes cantidades de refugiados corrían para entrar a la ciudad amurallada de Eilenberg. La peste y la hambruna cobraron la vida de la población; la gente moría en grandes cantidades. Rinkart oficiaba por lo menos cincuenta entierros diarios.

Cuando los suecos exigían que les pagaran un rescate inmenso, Martin Rinkart dejó la seguridad de la muralla para negociar con el enemigo, poco después cesaron las hostilidades y terminó el sufrimiento, puesto que negoció con valentía y fe.

Como resultado de esa experiencia es que Rinkart escribió este gran himno:

> De boca y corazón
> Load al Dios del cielo,
> Pues dionos bendición,
> Salud, paz y consuelo.
> Tan sólo a su bondad
> Debemos nuestro ser;
> Su santa voluntad
> Nos guía por doquier.

¿Cuál sería la mejor forma de agradecer «al Dios del cielo»? ¿Viviendo más enfocados en la alabanza? He puesto esta idea en práctica, por eso me gustaría recomendar que la alabanza y la adoración sean la arena y el cemento que hagan que los ladrillos de nuestro diario caminar se mantengan en su lugar; cada segmento de nuestro día debería estar revestido de alabanza.

Levántate temprano mañana y toma tu café o tu jugo en el patio, en el balcón o en un lugar donde puedas escuchar a los permanentes profesores de alabanza de la naturaleza, a las aves. Oye como cantan el coro Aleluya, capta la belleza del firmamento y del pasto, y canta un verso del himno «Cuan grande es él». Aprende a agradecerle a Dios tanto por las bendiciones grandes como por las pequeñas. Hace unos días, vi el pasto cubierto por unas florecitas azules, detuve la podadora, me arrodillé y observé una de ellas detenidamente; era una obra maestra en miniatura, en esos momentos tomé un minuto para agradecerle a Dios su creatividad.

He sacado algunas de mis versiones favoritas de música cristiana que no he escuchado en años y las he comenzado a escuchar de nuevo en mi carro; he apagado los programas de comentarios de la radio, y he estado escuchando menos las estaciones de radio cristianas. He convertido mi carro en un estudio de sonido privado donde puedo cantar a voz en cuello «Adoren al Rey, glorioso en las alturas...».

Durante tu tiempo de oración diaria, en vez de recitarle tus problemas a Dios como una lista de mercado, pasa algunos momentos agradeciéndole por cosas que nunca antes habías pensado decirle; aprende a enfatizar lo positivo y recuerda que lo rescatable *es* la realidad.

Sé fiel en tu asistencia a la iglesia y, cuando estés ahí, concéntrate en la adoración que estás ofreciendo y en el Dios a quien estás adorando.

Desarrolla la perspectiva de la alabanza.

Después de estudiar Apocalipsis 18—19, esta semana, he quedado impresionado con el poder que tiene una perspectiva correcta. Apocalipsis 18 describe la destrucción de la futura ciudad de Babilonia, la sede central universal del imperio maligno del Anticristo. En una hora, la ciudad más grande del mundo se convertirá en un montón de ruinas ardientes, y los que la vean de lejos llorarán y lamentarán, cubrirán sus cabezas con polvo, y dirán: «¡Ay, ay, de la gran ciudad [...] porque en una hora vino tu juicio!» (v. 10).

Pero en el capítulo 19, la escena cambia y se enfoca en el cielo, donde los ángeles y los ancianos, que estaban presenciando el mismo evento, estaban eufóricos: «Oí una gran voz de la multitud en el cielo, que decía: ¡Aleluya! [...] ¡Aleluya! Y el humo de ella sube por los siglos de los siglos [...] ¡Amén! ¡Aleluya! [...] Alabad a nuestro Dios todos sus siervos, y los que le teméis, así pequeños como grandes [...] ¡Aleluya, porque el Señor nuestro Dios Todopoderoso reina!» (vv 1.3–6).

Depende de nuestra perspectiva si vamos a decir un «¡Ay!» o un «¡Aleluya!».

No hace mucho, desperté temprano en un hotel en otra ciudad, y prendí la televisión para ver el pronóstico del tiempo; viajaba de regreso a casa después de haber ministrado en un evento, y el pronóstico era para preocuparse: tormentas violentas, vientos recios y relámpagos. Cuando llegué al aeropuerto, le di una mirada al cielo amenazante con una corazonada, las nubes eran de color gris y parecían estar molestas.

Despegamos con un ascenso brusco, el avión atravesó las nubes, y se niveló a una altitud superior a ellas; la vista era impresionante, brillante y majestuosa, tranquila y gloriosa; montañas de nubes iluminadas por el sol, que se elevaban y se escondían debajo de mí a una distancia lejana. Eran las mismas nubes, pero mi perspectiva era diferente; entonces me di cuenta de que las tormentas se ven diferentes desde arriba.

Colosenses 3.1–3 nos dice: «Si, pues, habéis resucitado con Cristo, buscad las cosas de arriba, donde está Cristo sentado a la diestra de Dios. Poned la mira en las cosas de arriba, no en las de la tierra. Porque habéis muerto, y vuestra vida está escondida con Cristo en Dios».

Como alguien dijo, si la sabiduría es ver las cosas desde el punto de vista de Dios, la alabanza es la reacción natural a ese punto de vista; es nuestra expresión típica de confianza y agradecimiento triunfante por lo que Dios ha hecho, está haciendo y va hacer.

Ya sea que estés en la parte superior o en la inferior de la tormenta, ya sea que estés en la orilla del lado este o del oeste del Mar Rojo, Dios abrirá un camino.

Y mientras lo hace, no te olvides de alabarle.

Encomienda aquello que te aflige
A las manos
De aquel que nunca te deja,
Que a los cielos y la tierra ordena;

Que le indica a las nubes el curso a seguir,
A quien los vientos y las olas obedecen.
Él dirigirá tus pasos
Y encontrará un camino por el cual debes andar.

—Paul Gerhard, compositor de himnos alemán

# Preguntas de estudio

1. Si estudias detenidamente Éxodo 15, te darás cuenta que el pueblo alabó a Dios tanto por lo que es como por lo que hizo. Basándote en los primeros versículos del capítulo, escribe algunas formas en que los adoradores describieron la persona de Dios.
2. ¿Qué puedes aprender acerca de la alabanza al Señor al ver la forma en que los israelitas lo hacían?
3. Ahora mismo, haz una pausa y anota una razón por la cual deberías estar alabando a Dios en medio de tu camino por el Mar Rojo.
4. ¿Qué pasos en tu rutina diaria van a ayudar a que la alabanza sea parte de un hábito continuo en tu vida?

# Las reglas del Mar Rojo

**PRIMERA REGLA**
Percátate de que la intención de Dios es que estés donde estás.

**SEGUNDA REGLA**
Preocúpate más por la gloria de Dios que por tu alivio.

**TERCERA REGLA**
Reconoce a tu enemigo, pero mantén tus ojos puestos en el Señor.

**CUARTA REGLA**
¡Ora!

**QUINTA REGLA**
Mantén la calma y ten confianza, dale tiempo a Dios para que obre.

**SEXTA REGLA**
Cuando no sepas qué hacer, simplemente da el siguiente paso lógico por fe.

**SÉPTIMA REGLA**
Visualiza la presencia envolvente de Dios.

**OCTAVA REGLA**
Confía en que Dios hará las cosas a su manera.

**NOVENA REGLA**
Toma tu crisis actual como un instrumento para edificar tu fe para el futuro.

**DÉCIMA REGLA**
No dejes de alabarle.

# Notas

## Prefacio

1. Charles Spurgeon, «Entangled in the Land», sermón 2188, 21 septiembre 1890, http://www.spurgeon.org/sermons/2188.htm.

## Primera regla del Mar Rojo

1. Charles Henry Mackintosh, *Notes on the Book of Exodus* (Nueva York: Loizeaux Brothers, 1880), p. 174.
2. Esta es una historia verídica, aunque el nombre y el lugar fueron cambiados por razones de seguridad.
3. J. I. Packer, *El conocimiento del Dios santo* (Miami: Vida, 2006), p. 126.
4. Darlene Deibler Rose, *Evidence Not Seen: One Woman's Faith in a Japanese P.O.W Camp* (Carlisle, Reino Unido: OM Publishing, 1988).
5. V. Raymond Edman, *The Disciplines of Life* (Minneapolis: World Wide Publications), p. 54.
6. A. W. Tozer, *We Travel an Appointed Way* (Camp Hill, PA: Christian Publications, 1988), p. 3.
7. Packer, *El conocimiento del Dios santo*, p. 313.
8. Sidlow Baxter, *Awake, My Heart: Daily Devotional Studies for the Year* (Grand Rapids, MI: Kregel, 1994), p. 64, énfasis en el original.
9. Mackintosh, *Notes on the Book of Exodus*, p. 175.

## Segunda regla del Mar Rojo

1. Charles Henry Mackintosh, *Notes on the Book of Exodus* (Nueva York: Loizeaux Brothers, 1880), p. 176.
2. Gertrude Stein, citado en Elizabeth Sprigge, *Gertrude Stein, Her Life and Work* (Nueva York: Harper, 1957), p. 265.

3. J. Hudson Taylor, citado en una carta a su hermana Amelia, en Dr. y Sra. Howard Taylor, *Hudson Taylor's Spiritual Secret* (Chicago: Moody, 2009), p. 45.

4. Matthew Henry, *Complete Commentary on the Whole Bible* (1706), comentario sobre Éxodo 14.1, http://www.sacred-texts.com/bib/cmt/henry/exo014.htm.

5. Hermano Lorenzo, *The Practice of the Presence of God*, carta XV (Nueva York: Fleming H. Revell, 1895), p. 43 [*La práctica de la presencia de Dios* (Miami: Vida, 2006)].

## Tercera regla del Mar Rojo

1. Charles Spurgeon, «Entangled in the Land», sermon 2188, 21 septiembre 1891, http://www.spurgeon.org/sermons/2188.htm.

2. Peter Cartwright, *Autobiography of Peter Cartwright: The Backwoods Preacher* (Nueva York: Carlton & Porter, 1857), p. 232.

3. Ver también, «Vicar Savaged by Dog Called Satan», *The Mirror* (Londres), 29 julio 1999, http://www.highbeam.com/doc/1G1-60446094.html.

## Cuarta regla del Mar Rojo

1. Matthew Henry, *Complete Commentary on the Whole Bible* (1706), comentario sobre Éxodo 14.10, http://www.sacred-texts.com/bib/cmt/henry/exo014.htm.

2. Cameron V. Thompson, *Master Secrets of Prayer* (Madison, GA: Light for Living Publications, 1990), pp. 47–48.

3. Amy Carmichael, *Edges of His Ways* (Ft. Washington, PA: CLC, 1955, 2011), p. 124.

4. Billy Bray, citado en J. I. Packer, *Growing in Christ* (Wheaton, IL: Crossway, 1994), p. 156.

5. Paul White, *Doctor of Tanganyika* (Grand Rapids: Eerdmans, 1941), pp. 66–69.

6. Thomas Watson, *A Body of Practical Divinity* (Londres: Bible and Three Crowns, 1692), p. 422.

## Quinta regla del Mar Rojo

1. J. Hudson Taylor, en Dr. y Sra. Howard Taylor, *Hudson Taylor's Spiritual Secret* (Chicago: Moody, 2009), versión digital, capítulo 7.

2. Matthew Henry, *Complete Commentary on the Whole Bible* (1706), comentario sobre Éxodo 14.10, http://www.sacred-texts.com/bib/cmt/henry/exo014.htm.

3. David Martyn Lloyd-Jones, *Spiritual Depression: Its Causes and Cures* (Grand Rapids, MI: Wm. B. Eerdmans, 1965), pp. 137–38.

4. Isobel Kuhn, *Una hoja verde en tiempo de sequía* (Grand Rapids, MI: Portavoz, 1987), capítulo 7.

5. Charles Henry Mackintosh, *Notes on the Book of Exodus* (Nueva York: Loizeaux Brothers, 1880), pp. 179, 183.

## Sexta regla del Mar Rojo

1. Charles Henry Mackintosh, *Notes on the Book of Exodus* (Nueva York: Loizeaux Brothers, 1880), p. 185.

2. Dale Carnegie, *Cómo suprimir las preocupaciones y disfrutar de la vida* (s.l.: Piterman, 1964), edición digital, capítulo 1.

3. Isobel Kuhn, *In the Arena* (Singapore: Overseas Missionary Fellowship [IQH] Ltd., 1995), cap. 11.

## Séptima regla del Mar Rojo

1. Charles Henry Mackintosh, *Notes on the Book of Exodus* (Nueva York: Loizeaux Brothers, 1880), p. 173, énfasis en el original.

2. Amy Carmichael, *Edges of His Ways* (Ft. Washington, PA: CLC, 1955, 2011), p. 167.

## Octava regla del Mar Rojo

1. B. H. Carroll, *An Interpretation of the English Bible*, vol 2. *Exodus and Leviticus* (Broadman,1948; reimpr. Grand Rapids, MI: Baker, 1976), versión digital, capítulo IX, http://sglblibrary.homestead.com/files/BHCarroll/Volume_2.htm.

2. Carl F. H. Henry, *The Pacific Garden Mission: A Doorway to Heaven* (Grand Rapids: Zondervan, 1942), p. 32.

3. Bertha Smith, *Go Home and Tell* (Nashville: Broadman & Holman, 1995), pp. 81–82.

4. Ibíd.

5. Cameron V. Thompson, *Master Secrets of Prayer* (Madison, GA: Light for Living Publications, 1990), p. 50.

6. Juan Calvino, *Institución de la religión cristiana*, trad. Cipriano de Valera (1597), libro primero, capítulo XVII, sección 11, http://www.iglesiareformada. com/Calvino_Institucion_1_17.html.

7. Charles Spurgeon, *A Harp's Sweet Notes*, http://www.godrules.net/library/spurgeon/NEWspurgeon_h22.htm.

8. Vance Havner, *Playing Marbles with Diamonds* (Grand Rapids, MI: Baker, 1985), p. 97.

9. Ver Ernest Emurian, *Living Stories of Famous Hymns* (Grand Rapids, MI: Baker, 1971), p. 51.

## Novena regla del Mar Rojo

1. J. Hudson Taylor, citado en una carta a su hermana Amelia, en Dr. y Sra. Howard Taylor, *Hudson Taylor's Spiritual Secret* (Chicago: Moody, 2009), p. 45.

2. Warren W. Wiersbe, *The Wiersbe Bible Commentary: Old Testament* (Colorado Springs, CO: David C. Cook, 2007), p. 444.

3. Hermano Lorenzo, *The Practice of the Presence of God* (Nueva York: Fleming H. Revell, 1895), p. 13, 29 [*La práctica de la presencia de Dios* (Miami: Vida, 2006)].

4. Matthew Henry, *Complete Commentary on the Whole Bible* (1706), comentario sobre Éxodo 14.21, http://www.sacred-texts.com/bib/cmt/henry/exo014.htm.

5. Thomas Watson, *Discourses on Important and Interesting Subjects, Vol. 2* (Glasgow: Blackie, Fullarton, 1829), pp. 381, 385.

6. J. I. Packer, *El conocimiento del Dios santo* (Miami: Vida, 2006), p. 149.

7. Charles Wesley, «Father of Jesus Christ, My Lord», *Hymns and Sacred Poems* (1742).

## Décima regla del Mar Rojo

1. Charles Spurgeon, «Songs in the Night», sermon 2558, 27 febrero 1898, http://www.spurgeon.org/sermons/2558.htm.

2. John Trapp, *John Trapp Complete Commentary*, Salmos 18.1, http://www.studylight.org/commentaries/jtc/view.cgi?bk=ps&ch=18.

# Reconocimientos

Este libro no hubiera sido impreso sin la visión, el consejo, el apoyo y la guía de los siguientes amigos, a quienes quiero expresar mi admiración y agradecimiento sincero:

Greg Johnson de Alive Communications
Brian Hampton de Thomas Nelson Publishers
Kyle Olund de Thomas Nelson Publishers
Katrina Polvinen Morgan
The Donelson Fellowship, Nashville, Tennessee

¡Gracias!

# Acerca del autor

Robert J. Morgan es pastor de Donelson Fellowship en Nashville, Tennessee, donde ha servido por treinta y cinco años. Él y su esposa tienen tres hijas y doce nietos. El doctor Morgan es autor de muchos libros, entre ellos un set de estudio de himnos de tres volúmenes, titulado: *Then Sings My Soul; Angels: True Stories; The Nativity Collection; The Promise: How God Works All Things for Good;* y *100 Bible Verses Everyone Should Know by Heart*. Es orador solicitado en conferencias alrededor del mundo y está disponible como conferencista. Se le puede contactar a través de su página web www.robertjmorgan.com.